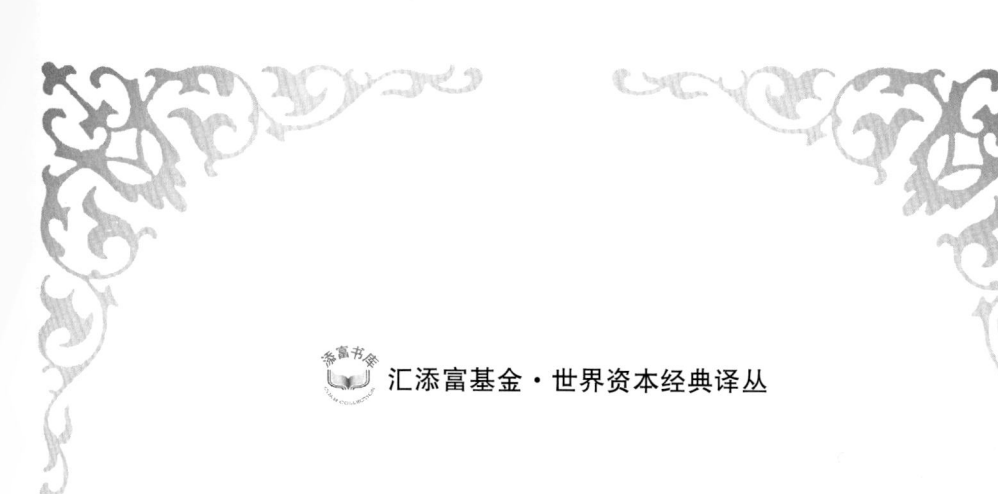

汇添富基金·世界资本经典译丛

缺陷的繁荣
——经济学的悲观视角

丹尼尔·科恩　著
(Daniel Cohen)

陈振东　黄燕欢　译

上海财经大学出版社

图书在版编目(CIP)数据

缺陷的繁荣:经济学的悲观视角/(美)科恩(Cohen,D.)著;陈振东,黄燕欢译.—上海:上海财经大学出版社,2014.8
(汇添富基金·世界资本经典译丛)
书名原文:The Prosperity of Vice:A Worried View of Economics
ISBN 978-7-5642-1905-5/F·1905

Ⅰ.①缺… Ⅱ.①科… ②陈… ③黄… Ⅲ.①经济学-研究 Ⅳ.①F0

中国版本图书馆 CIP 数据核字(2014)第 103788 号

□ 责任编辑　刘晓燕
□ 封面设计　张克瑶
□ 版式设计　孙国义
□ 责任校对　王从远

QUEXIAN DE FANRONG
缺 陷 的 繁 荣
——经济学的悲观视角

丹尼尔·科恩　著
(Daniel Cohen)

陈振东　黄燕欢　译

上海财经大学出版社出版发行
(上海市武东路 321 号乙　邮编 200434)
网　　址:http://www.sufep.com
电子邮箱:webmaster @ sufep.com
全国新华书店经销
上海华教印务有限公司印刷
上海远大印务发展有限公司装订
2014 年 8 月第 1 版　2014 年 8 月第 1 次印刷

787mm×1092mm　1/16　9.75 印张(插页:6)　139 千字
印数:0 001—4 000　定价:39.00 元

拨动琴弦

唱一首经典

资本脉络

在**伦巴第**和**华尔街**坚冷的墙体间，仍然

依稀可见

千百年后

人们依然会穿过泛黄的书架

取下

这些**书简**

就像我们今天，**怀念**

秦关汉月

大漠孤烟

……

图字:09-2013-80 号

LA PROSPÉRITÉ DU VICE: Une introduction (inquiète) à l'économie

Daniel Cohen

© Editions Albin Michel-Paris 2009.

All Rights Reserved. No part of this book may be reproduced in any form by any electronic or mechanical means (including photocopying, recording, or information storage and retrieval) without permission in writing from the publisher.

CHINESE SIMPLIFIED language edition published by SHANGHAI UNIVERSITY OF FINANCE AND ECONOMICS PRESS, copyright © 2014.

2014年中文版专有出版权属上海财经大学出版社
版权所有　翻版必究

还我柏林墙。
给我斯大林和圣保罗
我已经看到了未来,兄弟:
那是谋杀。

——莱昂纳德·科恩

总　序

"世有非常之功，必待非常之人"。中国正在经历一个前所未有的投资大时代，无数投资人渴望着有机会感悟和学习顶尖投资大师的智慧。

有史以来最伟大的投资家，素有"股神"之称的巴菲特有句名言：成功的捷径是与成功者为伍！（It's simple to be a winner, work with winners.）

向成功者学习是成功的捷径，向投资大师学习则是投资成功的捷径。

巴菲特原来做了十年股票，当初的他也曾经到处打听消息，进行技术分析，买进卖出做短线，可结果却业绩平平。后来他学习了格雷厄姆的价值投资策略之后，投资业绩很快有了明显改善，他由衷地感叹道："在大师门下学习几个小时的效果远远胜过我自己过去十年里自以为是的天真思考。"

巴菲特不但学习了格雷厄姆的投资策略，还进一步吸收了费雪的投资策略，将二者完美地融合在一起。他称自己是"85％的格雷厄姆和15％的费雪"，他认为这正是自己成功的原因："如果我只学习格雷厄姆一个人的思想，就不会像今天这么富有。"

可见，要想投资成功很简单，那就是：向成功的投资人学投资，而且要向尽可能多的杰出投资专家学投资。

源于这个想法，汇添富基金管理股份有限公司携手上海财经大学出版社，共同推出这套"汇添富基金·世界资本经典译丛"。开卷有益，本套丛书上及1873年的伦巴第街，下至20世纪华尔街顶级基金经理人和当代"股神"巴菲特,时间跨度长达百余年,汇添富基金希望能够借此套丛书,向您展示投资专家的大师风采,让您领略投资世界中的卓绝风景。

在本套丛书的第一到第十辑里,我们先后为您奉献了《伦巴第街》、《攻守兼备》、《价值平均策略》、《浮华时代》、《忠告》、《尖峰时刻》、《战胜标准普尔》、《伟大的事业》、《投资存亡战》、《黄金简史》、《华尔街的扑克牌》、《标准普尔选股策略》、《华尔街50年》、《先知先觉》、《共同基金必胜法则》、《华尔街传奇》、《大熊市——危机市场生存和盈利法则》、《证券分析》、《股票估值实用指南》、《货币简史》、《货币与投资》、《黄金岁月——美国股市中的非凡时刻》、《英美中央银行史》、《大牛市(1982~2004)——涨升与崩盘》、《从平凡人到百万富翁》、《像欧奈尔信徒一样交易——我们如何在股市赢得18 000%的利润》、《美国国债市场的诞生》、《安东尼·波顿教你选股》等六十一本讲述国外金融市场历史风云与投资大师深邃睿智的经典之作。而在此次推出的第十一辑中,我们将继续一如既往地向您推荐五本具有同样震撼阅读效应的经典投资著作。

《缺陷的繁荣——经济学的悲观视角》是法国著名经济学家丹尼尔·科恩的又一力作,科恩时任巴黎高等师范学校与巴黎第一大学的经济学教授,他曾担任法国总理旗下的经济分析委员会成员。作者引领我们回顾了人类发展的历史,"昨天在西方世界发生的一切如今在全球范围内重复上演:在中国、印度和其他地区,成千上万的农民从乡村涌向城市;工业社会正在替代农业社会;新兴力量不断崛起,昨天是德国与日本,而今天是印度与中国。由于对原材料控制权的争夺加剧,竞争对手间彼此激怒,资本主义旧时代的金融危机不断重现"。与"文明的冲突"观点不同,科恩得出了独特的、悲观的却又逻辑严密的观点:"21世纪的巨大风险并不是文化与宗教的冲突,而在于全球性地重蹈西方历史的覆辙。""战争和冲突是否会伴随着经济的繁荣与发展?现代的新兴国家是否在重蹈西方社会的覆辙?人类对发展的不懈追求又究竟是为了什么?"科恩试图解答这些哲学追问的终极意义。

随着大数据时代的来临和高频交易的日渐兴盛,怎样使用较为简便的方法从浩如烟海的大数据中提取有助于自己交易决策的有用信息,成为有识之士率先探索的难题。《大交易——市场回报最大化的简单策略》就是讨论一般投资者如何利用简便方法从大数据中提取有用信息进行交易获利的一本专业交易员的心得之谈。《大交易》的作者彼得·范(Peter Pham)是全球权益市场的专业顾问。他曲折的人生经历和探索精神使他对投资和交易具有许多不同于一般投资者的独特感悟，也使他创立了自己利用大数据进行大交易的简单策略和方法，并且在实战中获得巨大成功。他不因循于传统技术分析方法的框框，敢于提出并利用大数据中提供的股票价格变动的各种信息计算其未来可能变动的方向和幅度的概率来指导自己的投资决策和交易行为。

21世纪初是全球金融市场极其恐惧和贪婪的时期。一些人失去了大量的财富，但也有一些人伺机大赚了一把，人们对于投资行业的信心正处于历史的最低潮。《恐惧与贪婪——动荡世界中的投资风险和机遇》旨在引导投资者在未来的几年里在面临金融市场的挑战和机遇时做好准备。著名投资经理尼古拉斯·萨尔克斯在指导自己公司的投资者成功度过了2007年投资市场的混乱期之后，从历史中吸取经验和教训，为投资者明示未来之路。萨尔克斯特别深入地探讨了自千禧年之后发达国家的股市困境，何时股市才能最终恢复元气，以及减少政府债务的过程对市场产生的可能性影响。他也对新兴市场国家的股票、黄金和欧洲单一货币的前景提出了自己的看法。萨尔克斯也从整体上研究了金融界所面临的一些最重要的问题，他重点关注了央行、监管者和违规者，并对它们在当下的金融危机中所扮演的角色做了深入的探讨。在这本真实而又不乏趣味的书里，萨尔克斯为投资者展现了未来几年投资的清晰画面以及诸多启发。

在投资市场上，一本万利是无数投资者的终极梦想，而残酷的现实却使得诸多投资者和交易者伤痕累累。《像欧奈尔信徒一样交易(二)——令我们在股市大赚18 000%的策略》一书为我们开启了一段获取丰厚投资回报的传奇。本书由两位威廉·欧奈尔公司前雇员撰写，他们花费了数年时间学习导师威廉·欧奈尔的经验和教训，他们把这些基于欧奈尔方法的强大交易技术悉数倾注于这本书中，你可以将这些方法应用于自己的投资过程中。本书是畅销书《像欧奈尔信徒一样交易》的姊妹篇,它超越了前一本书的描述性叙述,提供了进一步的指导和相关理论的实践过程,并且让它们成为你交易系统的组成部分。投资股市,就是一场关于自己资金生死存亡的严酷测试,阅读本书,将有助于你在该测试中脱颖而出。

《致命的风险——美国国际集团自毁警示录》一书介绍了美国国际集团从初创、成长、鼎盛,再到衰败、毁灭的各个扣人心弦的历程。对该公司各个阶段的核心人物格林伯格、沙利文、维纶斯塔、索辛、斯皮策等的描述细致入微,如索辛的 AIGFP 的业务标的、对待风险的态度,斯皮策带领的纽约州监管部门对 AIG 与格林伯格本人发起的法律攻击,AIG 的内部管理层,以及与 C.V.斯塔尔公司之间错综复杂的关系。对美国国际集团与著名的投资公司之间的关系也做了详细叙述,如与高盛、美林、旅行者集团等知名企业之间的业务关系以及在金融危机中的应对处理;对核心业务,如掉期、CDS、CDO、MBS 等金融衍生工具进行了详实介绍。通过以上的讲述,本书不仅展示了衍生品业务在风险处理上的精妙与复杂,更生动展现了华尔街的惨烈斗争与全球金融环境的瞬息万变,揭示出了华尔街这个变化莫测的风险世界的真实生存状态。

投资者也许会问:我们向投资大师、投资历史学习投资真知后,如何在中国股市实践应用大师们的价值投资理念?

事实永远胜于雄辩。中国基金行业从创立至今始终坚持和实践价值投资与有效风险控制策略,相信我们十多年来的追求探索已经在一定程度上回答了这个问题:

首先,中国基金行业成立以来的投资业绩充分表明,在中国股市运用长期价值投资策略同样是非常有效的,同样能够显著地战胜市场。公司成立以来我们旗下基金的优秀业绩,就是最好的证明之一。价值投资最基本的安全边际原则是永恒不变的,坚守基于深入基本面分析的长期价值投资,必定会有良好的长期回报。

其次,我们的经历还表明,在中国股市运用价值投资策略,必须结合中国股市以及中国上市公司的实际情况,做到理论与实践相结合,勇于创新。

事实上,作为价值型基金经理人典范,彼得·林奇也是在总结和反思传统价值投资分析方法的基础上,推陈出新,取得了前无古人的共同基金业绩。

最后,需要强调的是,我们比巴菲特、彼得·林奇等人更加幸运,中国有持续快速稳定发展的经济环境,有一个经过改革后基本面发生巨大变化的证券市场,有一批快速成长的优秀上市公司,这一切将使我们拥有更多、更好的投资机会。

我们有理由坚信,只要坚持深入基本面分析的价值投资理念,不断积累经验和总结教训,不断完善和提高自己,中国基金行业必将能为投资者创造长期稳定的较好投资回报。

"他山之石,可以攻玉"。十几年前,当我在上海财经大学读书的时候,也曾经阅读过大量海外经典投资书籍,获益匪浅。今天,我们和上海财大出版社一起,精挑细选了上述这些书籍,力求使投资人能够对一个多世纪的西方资本市场发展窥斑见豹,有所感悟;而其中的正反两方面的经验与教训,亦可为我们所鉴,或成为成功投资的指南,或成为风险教育的反面教材。

"辉煌源于价值,艰巨在于漫长",对于投资者来说,注重投资内在价值,精心挑选稳健的投资品种,进行长期投资,将会比你花心思去预测市场走向、揣测指数高低更为务实和有意义得多。当今中国正处在一个稳健发展和经济转型相结合的黄金时期,站在东方大国崛起的高度,不妨看淡指数,让你的心态从容超越股市指数的短期涨跌,让我们一起从容分享中国资本市场的美好未来。在此,汇添富基金期待着与广大投资者一起,伴随着中国证券市场和中国基金业的不断发展,迎来更加辉煌灿烂的明天!

张 晖

汇添富基金管理股份有限公司副总经理、投资总监

2014 年 7 月

前　言

过去在西方世界发生的一切如今在全球范围内重复上演：在中国、印度和其他地区，成千上万的农民从乡村涌向城市；工业社会正在替代农业社会；新兴力量不断崛起，昔日是德国与日本，而今天是印度与中国。由于对原材料控制权的争夺加剧，竞争对手之间彼此激怒。资本主义旧时代的金融危机不断重现。与"文明的冲突"的信奉者观点不同，21世纪的巨大风险并不是文化与宗教的冲突，而在于全球性地重蹈西方历史的覆辙。

欧洲在经历了工业革命后也未能独善其身。尽管眼前出现了金融危机，欧洲也自诩为和平与富饶的土地，但这却是以忘记近代历史为代价的。在残暴的第二次世界大战后，欧洲已不再是人类历史的中心，这一从16世纪开始的短暂繁荣时期已然结束。谁还敢打赌说亚洲一定能逃过相同的悲惨命运呢？

我们时常想着繁荣会促进和平，贸易能平定国际关系，这一想法让我们安心。然而，这种共荣的和谐氛围却被第一次世界大战打破了。是胜利给予了德国自信，并让其他欧洲大国忧心忡忡。回顾性的幻象让我们误以为和平与繁荣是共生的，但并没有事实可以让我们确信这一点，反而近年来的研究发现，事实恰恰相反。

正如菲利普·马丁及其合著者所表明的那样，国际贸易绝不会降低战争的风险。据其研究，贸易能使好战国家更容易攻打其对手。在战争摩擦中,国际贸易更能使侵略国的资源供应多样化。纯粹的财富和教育并不能使人类变得更好。相反,法国社会学家克里斯蒂安·博得洛指出,财富和教育还为人们提供了继续变坏的新方法。一份记录详细的研究报告分析了恐怖袭击者(即以攻击平民来达到政治目的者)的社会来源。他们既不是穷人,也不是目不识丁的文盲,反而大多接受过良好的教育,还有一些是腰缠万贯的百万富翁呢[1]。

这些观察与西方世界自我认为的背道而驰——尤其与孔多赛和孟德斯鸠关于教育和贸易能软化人心灵的观点相悖。欧洲这一幸福生活的文明摇篮是如何结束第二次世界大战的集体自杀的? 如今的非西方世界在西方化的进程中又将面临怎样的风险?

从世界起源时就潜藏着的规律

让我们从头说起。在工业时代到来之前,社会长久以来所遵循的规律是单一和极端的。18世纪以前,地球上居住者的平均收入始终维持在同一水平线上,停滞不前。每当社会开始繁荣[2],一种惯例的机制开始生效,抵消了繁荣所带来的效益。经济发展带来了人口增长,生活富裕提高了出生率并降低了婴儿与成人的死亡率,但却使人均收入逐渐减少。于是便出现了人口迅速增加与可用土地供给不足两相冲突的灾难性时刻。如今,人类死于饥饿或疾病的例子不胜枚举。饥荒与瘟疫始终在减缓着社会的发展。

马尔萨斯人口定律引起了大量的争辩与反响,但也最终经受住了批评家们的检验。多亏经济史学家们所做的工作,它使人类能够以今天的货币来估计几个世纪以来普遍的平均收入。一个罗马奴隶的生活水平与17世纪生活在法国南部郎格多克的农民没有显著差异,或与19世纪初在大型工厂工作的工人也相差不多。这一水平接近于现代世界穷人的生活标准:相

---

[1] 例如,1972年死于试图炸毁米兰附近电力铁塔的意大利出版商詹贾科莫·菲尔特里内利。

[2] 例如由于发现了某种新技术。

当于1美元1天。经济史学家格雷戈里·克拉克为我们提供了平均收入水平长期趋同的最佳证据。在整个人类历史中，无论是对于狩猎者[1]，还是对于19世纪初现代社会的早期工人，平均预期寿命一直接近于35年。骨骼检查[2]还表明了狩猎者时代的物质条件与19世纪初的物质条件差异并不大。

马尔萨斯人口定律打破了一般意义上的善与恶的概念。例如，在大溪地[3]的生活如天堂一般，但这却归功于杀婴罪的高犯罪率。超过三分之二的新生婴儿出生后即刻被捂死、被勒死或被捏断脖子。任何有助于提升死亡率的方式都被证明是一件好事，因为这减少了对可用土地的竞争。相反，对于那些注重公共卫生的社会，这一重视却起到了反作用。在18世纪初，欧洲人总体要比中国人富有，因为他们很不注重卫生。为了得到最大效益，欧洲人过去从不洗澡，而中国人或日本人则恰恰相反。不论身处何种社会阶层的欧洲人都不会介意有气味的厕所毗邻自家住所。相比之下，日本人绝对是干净主义的代表。日本的街道定期刷洗，日本人在进门前也会脱掉鞋子。这也解释了为什么当时日本人口众多且十分贫穷。这就是由缺陷的繁荣所带来的。

欧洲霸权的起源

人类的繁荣发展应归功于欧洲，正是欧洲发现了发展的点金石，即持续发展的可能性，这不仅与人口有关，更与人均收入有关。这一发现并不是一蹴而就的，而是经由一个漫长的演变进程而来，即12～18世纪，这个被中世纪研究家雅克·勒高夫称为"漫长的中世纪"的时期。经济增长越来越依赖于持续的技术革命，且超越了人口增长。从19世纪开始，工业化国家的社

---

[1] 如今可在土著社会中观察到。
[2] 以身体大小来衡量。
[3] 南太平洋中部法属波利尼西亚社会群岛中向风群岛的最大岛屿，这里四季如春，物产丰富，衣食无忧。

会富裕程度由人均收入增长率来衡量。经济增长(最终)提高了生活品质，不过它非但没有缩短人类寿命，反而使之延长了。死亡率的减少是现代社会的一大新突破。

数以千计的著作描述了世界上所发生的一切，而这一主题也一直受到激烈的争论。为什么是欧洲发现了永续发展的可能性？而非中国？中国似乎有更好的发展前景。弗朗西斯·培根曾认为，现代世界的三大基本发明分别是指南针、印刷术以及火药，但这三项却是由中国发明的。早在哥伦布装备他那三艘船的一个世纪之前，一支更令人叹为观止的舰队由明朝海军元帅郑和指挥，南下非洲海岸，并将斑马和长颈鹿带回了当时的朝廷。

是什么使中国的发展停滞不前？此中有许多因素，但却有一个是决定性的。那时的皇帝突然觉得海外航行劳民伤财且徒劳无用。寻求国内的安定和谐成为了皇帝的首要任务，故而探索世界也就变得不那么紧要了。于是皇帝便把远洋舰队烧毁。中国失去了海洋优势及其对远洋贸易的重视，自此陷入了发展停滞。

然而正当中国为了内部稳定而牺牲了发展速度时，欧洲却采取了截然相反的道路。由于国家间的竞争，欧洲选择更少地牺牲发展速度。当火药在中国还作为观赏的物品时，欧洲人已拿它做成了有用的战争利器。将火药置入大炮需要一系列精细的发明，这些发明也随着各国之间竞争者的不断开发而日益精细。在思想领域，中国的政治分裂与王朝更替同样起到了决定性的作用。伽利略的好奇心受到了教会的批判，但在反对天主教的英国，科学在牛顿时期又重新得到了发展。哥伦布也必须得游历欧洲数个首都后才能找到愿意资助他出海的人。

欧洲发展动力的核心却是使其自食恶果的毒药。欧洲有着一个不变的循环周期，即每当一国尝试占领其他国家时，其他国家便会形成联盟发动战争去击败这一国家。所以，欧洲相继在16世纪被西班牙统治，在17世纪由荷兰取代，在18世纪由法国统领，而19世纪则属于英国统治。20世纪应被称作德国的世纪，在某种意义上是这样的。第一次世界大战并非是欧洲发展历程中的"意外"，而是因果使然。

任何想要了解 21 世纪多极世界是如何发展起来的人，只需要查看欧洲历史便会发现，他们现已成为了继承传统的后人。所有国家都是民族国家，就是以欧洲为模板发展起来的。所有人都是各自国家的"主人"，同时又嫉妒着其他国家。世界的脆弱性就首先来源于此。随着新兴国家拥有了前所未有的财富及工业化带来的军事力量，这些国家正企图跨越边界并忽视历史优先权来解决自古以来的争端。

对增长的执着

工业化不仅打破了国家与国家间的权利平衡，而且还彻底地改变了社会内部的结构运转。引用一句美籍奥地利经济学家约瑟夫·熊彼特的名言，"资本主义是一种'创造性破坏'的过程，在此过程中其不断革新内部经济结构——重塑着新元素的同时也损毁着自身的旧元素。"这就解释了为什么工业化社会是如此脆弱以至于需要不断地呵护与关注。工业化社会充斥着创造和毁灭，交替着繁荣与萧条，并几乎被 1929 年的金融危机重创而崩溃，随后的 2007 年次贷危机更是一记残酷的警钟。

如果第一次世界大战的起源是由于繁荣，那么 20 世纪 30 年代的巨大危机所带来的德国社会混乱便是第二次世界大战开始的原因。要辩称 1929 年金融危机纯属意外是很难的。即使 30 年代的教训很大程度地影响了战后的岁月，并使人们变得更乐于合作，次贷危机还是涵盖了金融危机的相同原理，重蹈了相同的事件经过。西方各国自 1945 年开始分崩离析，而又于冷战时期重新联合，缓和了各自的冲突。福利国家软化了阶级斗争，欧洲的"社会市场经济"开始繁荣。但随着 70 年代的能源危机爆发、柏林墙的倒塌、80 年代金融革命的兴起，战后的稳定秩序也由此打破。20 世纪 50 年代、60 年代达成的一致逐步减少，最终死亡。仅仅不到 30 年，危机再次来袭。

次贷危机中显现出的远远不止市场监管的问题。这次危机同样质疑着所谓的资本主义道德规范。20世纪80年代的意外之财引入了疯狂的金钱，这证实了马克思的论断，即资产阶级将社会淹没在"利己主义算计的冰水之中"。美国家庭的无止境消费成为他们庞大债务的一大原因，成为次贷危机的主要凶手，也引出了潜藏在资本主义下的价值与缺陷。

马尔萨斯主义的拥护者总是表现得很饥饿，从表面上来看是这样的。战争和传染病由于减少了人口食物消耗而变成了好事。是否现代社会成功地对抗饥饿与赤贫标志着美德一雪前耻、成功地摒弃了邪恶呢？不幸的是，我们丝毫无法确定。随着现代经济的发展，对可用土地的争夺被社会竞争所替代，这一现象越来越大众化。现代社会的人们仍然很贪婪，但让他们贪婪的却是他们好几年前都不知道的东西。正如法国人口统计学家阿尔弗雷德·索维说道，现代社会的人就像一个永远到达不了地平线的步行者。无论获得何种快乐和满足，对那些渴望被满足的人来说，永远是白纸一张。消费成为一种上瘾的毒药。快乐总是短暂的。

经过多番研究，经济学家理查德·伊斯特林指出，富裕的社会并不比贫穷的社会更幸福。重要的是比别人做得更好。正如《经济学人》引用的那句19世纪幽默作家的话："幸福就是比妹夫多赚10美元。"快速增长确实缓解了社会紧张，因为每个人都可以相信自己已经追赶上了主流。但是这个理想化的社会面对任何增长放缓都是不堪一击的，无论社会达到何种富裕程度。就像当初法国在第二次世界大战后经历了光辉的30年迅速增长，直至今天的沦落。当发展速度放缓时，富裕国家的破灭肯定会影响新兴国家，新兴国家也会渐渐发现这一理论对它们来说意味着什么。

全球化的时代

有些人认为，人类消费者对经济增长的过分追求也解释了增长依旧强劲的原因，这一现象也许终究是件好事。但是，这种贪得无厌在全球化时代变得更空前绝后。10亿中国人消费了10亿辆自行车并没有带来生态后果。正如亚当·斯密说的那样，那些参与买卖的人都是赢家。但如果中国人购买了10亿辆汽车，那么一切都变得不一样了。地球的未来受到了威胁，最糟糕的是这一切令人恐惧。最早到2050年，大气中的二氧化碳浓度会比前工业化时代高出整整一倍。现代经济发展面临着巨大障碍。这并不是指可耕土地的稀缺性（对马尔萨斯时代来说），而是指整个生态系统的脆弱性。

当物质文明席卷整个地球时，与过去的决断是需要的。整个西方世界（连同其他国家）进入了向"网络世界"的转变。这一新的虚拟世界是信息通信科技发展的产物，是非物质全球化的新舞台。恰恰相反，在这个领域，人们完全不用担心地球上的拥堵。人口越多，网络世界也就越繁荣。感谢大量研究人员与艺术家的参与，使得所有新理念和新创意得以繁荣。如发现艾滋疫苗的人的国籍不再重要，因为人们已经发明了一种全球性的产品。中国拥有6 000万名钢琴家，其培养出一位新莫扎特的概率也相当于这个数字。当那一天到来，每个人都能有所收获。在政治领域，民主的理念跨越了国界。这一切更归功于理念的传播而不是商品的流通。

非物质的全球化才刚刚开始。这个远非平静的新通信世界与旧世界一样，充满了爱与恨。互联网的繁荣成为音乐爱好者之间的桥梁，也使恋童癖者与恐怖分子得以沟通。"十五分钟短暂出名[1]"成为每个人的新期望。这一新期望无论对年轻的脸谱型社交网络爱好者还是基地狂热者都甚是遥远。

然而，21世纪的伟大祈愿还是网络世界所带来的团结一致，将人们联结在一起。在生态风险的威胁下，人类不可再基于马萨尔斯或伊斯特林的理论来劳作，这些理论人类并不一定理解，又或是理解得太晚了。在本书中，站在过去经济思想巨人[2]的肩膀上，我所提倡的是从过去到未来都应树立目标，那就是牢牢掌握经济风向历史的规律，了解历史如何改变了本该顽固不变的经济学规律。

―――――――

〔1〕 由安迪·沃霍尔提出。
〔2〕 如亚当·斯密、卡尔·马克思、约翰·梅纳德·凯恩斯、约瑟夫·熊彼特，以及阿尔伯特·赫希曼。

目 录

总序/1

前言/1

第一篇　为何是西方？

　第一章　创世纪/3

　第二章　现代世界的诞生/10

　第三章　马尔萨斯原理/19

　第四章　被解放的普罗米修斯/24

　第五章　永久的增长/30

第二篇　繁荣与萧条

　第六章　战争的经济效应/39

　第七章　大萧条及其教训/46

　第八章　黄金年代及其危机/54

　第九章　团结的结束/59

第十章　战争与和平/69

第三篇　全球化的时代

第十一章　中国与印度的回归/79

第十二章　历史与西方社会的尽头/95

第十三章　生态系统的崩溃/105

第十四章　金融危机/114

第十五章　无重量经济/125

结语/133

第一篇 为何是西方?

第一章 创世纪

经济的诞生

很长一段时间以来,人类的唯一问题就在于吃饱穿暖。从世界开始之初直到农业被发明(仅一万年前),男人和女人通过随意摘取大自然提供的食物来养活自己。狩猎和采集已然能满足生活,而这两项活动并不是社会所严格要求的。之后,几乎在一夜间,人类开始学会如何开垦土地并畜牧牛羊。用让·雅克·卢梭的话来说,就是这时人们开始意识到可以在土地上围上护栏,声称"这是我的领地"。

那么新石器革命又是如何发生的?澳大利亚人类学家戈登·柴尔德写过很多论著,并将农业的发明归功于"自然"原因。气候变暖突然毁灭了动物群与猎物,导致了食物短缺,迫使人类不得不寻求其他生存方法。农业本来就是需求的衍生品。人类开始转变其生活方式。他们开始定居,并创造了四季之神与雨水来陪伴他们担任农夫的日子。

但是近期的研究运用了精准的碳-14年代测定法,发现以上的解读并不正确。对雅克·卡尔文来说,在一本引人注目的名叫《众神的诞生与农业的起源》的书中谈到,似乎人类的定居还要早于农业发明。人类历史上第一个城镇——耶利哥[1],出现的时间要比第一次耕作小麦的时间还要早。这一发现就足够表明动物与猎物使人类开始定居。所以,在我们的时代到来之前的第十个千禧年末尾,人类的集聚起源于社会原因,而非经济与人口等原因。

如果定居是发生于新石器时期之前,那么对神的信仰也是如此。但这一说法很难去证实。我们如何能表明信仰的先发性?史前历史学家也是将其从无到有地建立起来。首先,将死人埋葬起来这一行为在新石器时期前的几千年前就早已有之。其次,他们指出,就在新石器时期前夕,人类逐渐摒弃了模仿动物和描绘与神长得很像的人[2]的行为。唯一的动物图像便是公牛。但是这只野生小公牛并不像小羚羊一样是一头猎物。所以,这幅画很可能具有新的象征意义。之后,女性画像与这幅画之间产生了联系。女性画像代表着是女性生育了公牛。这一形象随着新石器时代的普遍传播从中东传入了其他社会。

人类不再是大自然的纯粹受害者,他们为自己建立了新的角色。人类由上帝创造的故事转而让他们也成为创造者。卡尔文将这一转变总结为:"神与人之间的新鸿沟实际上是动态的……它必定是完全改变了人类对于自身的描绘,并通过某种必要的能源释放来看穿人类。它也肯定会调动新的积极性,例如人类由于从未经历过不安而带来的抵抗性作用。"直到那时,新石器时代的社会作为大自然的受众能够以自身的力量参与其中,成为积极的生产者。与此同时,宗教允许了"先验逻辑"的出现,并随即被人类运用于现实世界。

这些令人眼花缭乱的成就进一步揭示了一些我们认为不可知的事物。人类是否预先对他们进化过程中的世界有过思考?又或我们是否应该接受是农业一次性地、意外地颠覆了人类的生活?卡尔文给出的论据是人类首

---

[1] 巴勒斯坦古城。
[2] 通常为女性。

先必须改变他们的思维模式。显然，这并不意味着人们早已理解了农业革命以及帝国的诞生所带来的影响。直觉世界与现实世界之间的缺口正在逐渐拉大，甚至可能变得相当巨大。正是由于这一原因，人类难以把握这个事实。缺口昭示着当我们想要理解人类历史上另一重大破坏——工业革命的时候，我们会遇到的困难。18世纪中期的发展远非一个突然的停滞，而是如雨后春笋般推陈出新。这应该被理解为缓慢变异所带来的效应，这一效应在生成之前，在被那些想象者遗忘之前理应被予以思考。

第一次全球化

农业并不只是在中东地区被发明，它还同时创造于中国[1]、中部美洲与安第斯山脉[2]，以及北美东部[3]。很难知道是否所有这些发明都是自发的还是由一个地区传播至另一地区的。无论如何，农业自从被挖掘出来就几乎在所有地方生了根。

根据史前历史学家的研究，新石器革命在中东地区以平均每年三英里的速度蔓延开来，并带来了约旦河两岸的神明。女神与牛的二人组传播到了先前从未经历新石器革命的地方。

社会达尔文主义的某种形式适用于此处。一种比其他技术更具生产力的技术几乎总是能够落地生根，不论是通过劝说还是强制执行。如果失去了技术的人们很早就发现了另一好技术的潜力，那么就要使用劝说的方式；而众多发展很好的农民社会从不错过任何消除狩猎者社会的机会，面对此类人群要使用强制性措施。

当然也有反例表明一些社会是抵制这种新型技术的。澳洲的土著人与邻近地区的农民做交易，但很长一段时间他们都保留了其狩猎与采集的模式。但对于想要拥有更好东西的人们来说，他们只是我们称为"生产力至上"规则的一个例外。

---

[1] 大约公元前7500年。
[2] 大约公元前3500年。
[3] 大约公元前2500年。

第一次技术爆炸

农业的传播颠覆了整个人类的生活模式。人口增长巨大。游牧型社会的人口是极少的,其中一大简单理由就是,一位母亲必须等到她的孩子可以走路才能够生育第二个孩子。而在定居型社会,只要土地够用,人们就可以拥有尽可能多的孩子。农业生产力突然被扩展了,而定居式的生活加速了人口的增长。在农业被发明之时大约有 1 000 万人口,而当耶稣降临到这个世上时,世界人口已达到了两亿。

资源的充裕和定居的生活同时还为囤积食物创造了条件。生产剩余养活了"贫瘠阶层〔1〕"。国王、官僚机构、牧师,以及战士逐渐脱离了农民群体。在新石器时代与铁器时代之间,这种脱离使科技经历了一次真正的飞跃。小亚细亚的铁匠在公元前 3500 年左右发明了青铜,在公元前 1000 年左右发明了铁器。官僚们大约在公元前 3000 年的苏美尔地区发明了写作,而这一发明在中国大约是公元前 1300 年。希腊诗人在公元前 800 年左右发明了元音字母。在公元前 1300 年至公元前 1100 年间,铜器被敲打成花瓶、头盔、护胸甲与盾牌,这一技术也被广泛应用。通过对荷马史诗中的伊利亚特的了解,如今我们站在了这一世界的入口。

通常一种发明总要经历数次探索,就像撰写著作与打造铜器那样。时常与发明者有关联的社会都会拷贝同一种发明样品,就像入门一样。马匹一开始仅被发现于某一地区〔2〕,但随着它背负战士并成为战士的决定性优势时,它被传播至全世界。

这些发明与发现给人类社会带来了越来越多的社会复杂性。封地变成了王国,最后发展成为帝国。苏美尔、埃及、米诺斯、印度,以及中国的伟大文明都是在这些发明、发现中成长起来的。而其中一种自认为优于其他文明的西方文明确实是在 16 世纪萌芽的。这又是为什么呢?

---

〔1〕 后期被第一个现代经济学家称为"重农主义者",时为路易十五统治时期的法国。
〔2〕 如今的乌克兰。

西方世界破灭的命运

为什么对世界上的所有文明来说,最终是西方文明大大超越了其他文明,并将它的模式引入了全世界呢?如果将公元1000年后的欧洲与阿拉伯世界或中国相比,任何技术利器都不属于欧洲。是发生了什么呢?

从基督教世界孕育而生的希腊罗马文化是十分灿烂的。公元前100年的罗马就拥有了良好的道路、下水道、食物与水,比其他大多数欧洲首都要好得多。罗马人还在建筑领域与公路建造领域有着自己额外的独创性,例如发明了水泥。他们继承了希腊人精炼而成的工具,包括杠杆、螺丝钉、滑轮以及齿轮。这些创新与发明使得罗马人能够制造出精良的武器。

但是民间对这些技术的使用仍旧停滞不前,在任何与经济生活直接相关的方面,公元前500年至公元500年之间的西方世界是穷困的。严格地从技术角度来说,根据经济史学家乔尔·莫基尔(Joel Mokyr)的说法,古老的希腊罗马社会并没有发明新型工具。他们建设水车但却没有真正使用水利能源;他们掌握了玻璃的制作法、了解了如何利用阳光射线,但却没有发明出眼镜。相比新石器时代与铁器时代在农业、冶金、制陶、编织领域的巨大飞跃,希腊罗马时期的发展速度还有所减缓。在农业领域,他们落后于印度与美索不达米亚(亚洲西南部)的伟大灌溉工程。西方在古代与中世纪时期的工业进步又远远落后于中国。

正如古代历史学家阿尔多·斯齐亚沃尼说道:"所谓的罗马'实用主义'是社会化的,而非技术化。它影响着政府、政治、法律,以及军事机构……任何伟大的工程师与建筑师,任何无与伦比的桥梁、道路与管道建筑师,任何战争武器的使用专家,任何公共行政或大地主的客人,都没能理解到农场与工厂这些场所是最有助于机械的使用与改进的。"

罗马人沿袭了希腊人的传统。对希腊人来说,自由的含义就是充分掌握社会生活的技术能力,例如写作与写作规则、音乐与诗歌、对自身的认识等。希腊社会发明了城市,并将其作为政治领地,但却没有将印度与卡尔迪亚王国[1]的天文技术转化为自己的经验科学,而是转化成了形而上学。"是技术进步造就了文明的生成",斯齐亚沃尼曾写道,"但如今技术被忽略,这个世界也因此蒙上了一层阴影。忽视技术是一种思想的报复,而这种思想恰恰是从过去的约束中最终得以解放出来的。"

奴隶制

亚里士多德曾说过,是"本性"决定了一个人是主人还是奴隶。在奴隶形象的背后是一切有关劳作的东西,而这点对罗马人来说逐渐变得不可理解。对于一个受过良好教育的罗马人来说,奴隶就应该在严密的监控下工作整整一天,且奴隶不得有任何隐私,给他/她的食物量只需满足维持力气的分量,这一切都十分正常。奴隶的苦难不仅仅存在于罗马文明或有奴隶的社会,而在许多前工业化社会也有。身处中世纪欧洲的农民以及工业革命初始时英国的工人就付出了很大的人力代价。

有一个因素对上述现象起到了决定性的作用,它促使罗马变成了一个奴役的首都。在与迦太基的第一次战争——布匿战争中,从未被古代西方世界发现的大量奴隶被挖掘,并像往常一样被奴役。在公元前225年,意大利大约有60万奴隶,绝对不超过400万。斯齐亚沃尼援引昆塔斯的话称,罗马人最初开始意识到财富效益的时候是在他们能够完全掌控自我人口的时候。

这一动态关系在征服庞培与恺撒之后越发地牢固了。由于罗马收复了海上霸权,所以就有了新的奴隶补充流入。在奥古斯都的领导下,公元前1世纪末,奴隶至少占到了意大利人口的35%。罗马帝国花在购买奴隶上的费用不高,打个比方,当祖传的房产轻易就能达到一千万塞斯特斯[2]的时候,购买奴隶的成本为1 000~2 000塞斯特斯。在公元前2世纪与1世纪之间,成千上万的囚犯被商人带走,跟随着商队充实了奴隶市场。

---

[1] 古巴比伦人建立的一个古王国。
[2] 古代罗马货币名。

但是经常发生奴隶的反抗，反抗不仅仅在大庄园中发生，还会在矿井中发生。每一代奴隶都会发起叛乱。最广为知晓的便是斯巴达克斯暴乱，许多社会最底层的自由人也加入了叛乱。这一暴乱失败后，6 000名奴隶在从加普亚到罗马的路上被折磨并被十字架钉死。在这一血腥的镇压之后，就再也没有出现过大规模的叛乱了。

持续性、集中性、常规性地大量用人最后沦为了对人的奴役，这一情况渐渐危害了小型的农村土地产权者。罗马贵族的土地越来越多，产权膨胀迅速。对于小农来说，唯一的出路便是成为一名职业军人。于是一种自给自足的机制开始产生。奴隶破坏了小农场的产业，最终迫使小地主们纷纷投入了军队，同时他们也维持着运用战争来抢夺的方式。于是奴隶们越来越多，小土地所有者越来越少。这一演变同样导致了大型城市的高失业率，一些从乡下进城并且被剥夺继承权的人开始了他们的复仇。

这一现象最终到2世纪才中断，那时战争不再被视为一种投资，而是一种纯粹的防御。动态扩张已不再奏效。在2世纪的前期与中期，在当代人的观察中，资源与需求的不平衡开始显现，并产生了真正的"历史性崩溃"。罗马帝国的陨落初现端倪。

西方世界理应后退一步以走出罗马体系的泥潭。罗马坚持依赖奴隶并拒绝发展社会与知识劳动力，这使罗马的生产空间被压缩至不可挽回的边缘。由此斯齐亚沃尼总结道："罗马仅存的是带领社会进入零增长的死胡同。在社会结构上，罗马已无法产生创新与发展。这就像历史上一封无法投递出去的信。"

第二章　现代世界的诞生

欧洲的奇迹

在 10 世纪,欧洲似乎丧失了罗马与希腊光辉历史所带来的一切。欧洲人连基础的科学知识都不知道,甚至欧洲社会倒退到了一个几乎专制的地步。当它需要购买国外货品时,也只剩下奴隶可供出口了。然而 500 年之后,这一切都改变了。达·伽马对亚洲的探索以及美洲大陆的"发现"让西方世界重启了统领全球的大门,这一开启持续了 5 个世纪。是发生了什么呢？让我们接着来了解这些意想不到的变化。

自 10 世纪,欧洲的乡村是内向型的,始终受到各方威胁,如北方的维京人、南部与东部的穆斯林与匈牙利强盗,以及中部的农村强盗。商品与人口的流通几乎全部停滞。一个孤立的城堡要塞就能组成整个农村社会。正如社会学家亨利·孟德拉斯在《农民的终结》中写道:"卡洛林王朝时期的欧洲是完全乡村化的。没有城市,只有农场挤满了农民,都来自于附近领地与庄园旁边的村子。"这也滋生了庄园主们更多的暴力垄断,让他们能够占用农业生产剩余。由此赚来的钱也一点点被花在各种实物开销上。最富有的人必须从一个城堡到另一个城堡来享用原封不动的美酒，并花钱来进行打猎游戏。

自10世纪末开始，经过第一次复兴[1]，中世纪的自给自足逐渐减弱。来自维京的威胁消散了，道路再次发挥了作用，商业贸易与人类的交流活动也重新变得可行。

中世纪复兴的一大主要方面在于农业生产力的逐步提高。可耕地的面积增加了，人口也同样增加了；劳动工具更多样化、更有效了；铲子、铁锹和犁子都是铁制的；耙子出现了；马具以及水磨也广泛流传了。农业生产力的提高使人类可以储存农业生产剩余，实际地解决由扩张带来的粮食问题。

城市革命与商业革命发生于11~13世纪，它们让城镇重新回到了欧洲历史的中心。一些城镇是全新的，例如，威尼斯、费拉拉、阿马尔菲。重新修复的古城也是完全坐落在新的地基上。以前伟大的古老城市曾是消费之城，而不是生产之城。没有任何一座城市可作为"工业城市"。而与之相反，中世纪的城镇则到处都是技术工人。打钟报时的铃声成为他们生活的节奏。

工作渐渐走出了古代社会所限制的条条框框。工作不再是对上帝与中世纪鼎盛时代的赎罪，而是渐渐成为一种"救赎的方式"。诚如中世纪研究家雅克·勒高夫在14世纪前叶所说的："浪费人们的时间变成了一种严重的罪过，是一种精神丑闻。"对于工作理念的转变是特有的。简单的工作不再被重视。勒高夫还写道："在13世纪，人们对劳动的理念也产生了分歧。人们开始前所未有地轻视手工劳动，而商人和学者的脑力活动却被重视与欣赏。"大约在1400年，一位崇尚人道主义的意大利商人将自己的生意结构重组以适应日常生活，规范自己的时间利用。这一突变颠覆了农业经济，成为一种"不骄不躁的、不求精确的、不用担心生产力的、冷静和谦虚的、不急于求成的、不好高骛远的、不以数字量化劳作的"经济节奏与社会形象。

---

[1] 11、12、13世纪。

现代世界的崛起

　　12～18世纪的生产与引入的发明数量是惊人的，例如哥特式建筑、钟摆、纸张、印刷术、眼镜、乐器、高品质纺织品，等等。如果说这些发明加在一起对经济发展影响甚微，那么就是因为它们是长期只提供给少数使用者的奢侈品。起初，印刷术也只影响了少数会阅读的人，很大程度上是因为在古腾堡[1]之前，人们很难获得一本书籍。

　　为了衡量这些发明的引入效应，雷戈里·克拉克运用"现代"消费模型重新设立了名义增长概念，用19世纪人类花销的所占比重来衡量各个领域，而不是运用13世纪的权重。克拉克总结道："经济增长要比想象中来得强劲。"根据这一方法来计算，从中世纪时期至1880年，人均收入增长了300%。单单书籍的生产在16～18世纪就每年增长了1%，所以直至1790年，古老的手稿从120份一跃蹿升至2 000万本纸质书本。现代部门服务于精英和整体群众，这两者之间的增长差异顺带表明了此期间的伟大发明主要是由发明者的好奇心以及对知识的渴望所驱动，而非与利益相关。

　　欧洲哲学与科学思想的历史表明，15～17世纪，这些思想的发展是惊人的。1543年，哥白尼出版了《天体运行论》；1644年，笛卡尔的书籍《哲学原理》问世；同样还有1687年牛顿的《数学原理》。科学在基础研究与技术之间组织了一个新的联合体。希腊人掌握了托勒密的天文学，但也从未想象着将其应用于实用领域，例如航行。他们认为了解恒星的运行是可能的，但却不能够理解一颗石头移动的轨迹。希腊人与罗马人忽视了将世界视为理性领土的可能性，也忽视了通过实验验证的方法来支配和掌控世界的可能性。培根和笛卡尔的新精神回到了中世纪末期，回到了复兴的初期，但也从未超越过这一时期。

　　亚历山大·科日雷在他的《从封闭世界走向无限宇宙》一书中写道，新科学的特点就是"通过实验与理性来了解自然的现象"。如爱因斯坦所说，

---

[1] 德国活版印刷发明人。

纯粹的论证与实验验证的惊人结合不太可能造就牛顿与伽利略科学的奇迹。

从近代的观点来看，科学革命是一种无与伦比的福祉，但是那些见证过科学革命的人却把它当作是与非凡却又痛苦的过去的告别。科日雷还说道，推翻宇宙是一个无限空无的数字空间的概念，这一行为意味着"人类或者至少是欧洲人的思想经历了异常深刻的变革。人类的思维模式被改变，人们对现代科学与现代哲学的想法被改变，同时还有根茎与果实，等等。这一欧洲意识'危机'可以用许多方法来解释……一些历史学家认为，所谓的人类思想从学说向实践的转变，其实是人们从一个观众或旁观者的角色转化为所有者与大自然主人的角色……然而仍有许多历史学家认为，'新哲学'会给人类带来绝望与困惑。以前时代所有的一致性都是不存在的，而在'新哲学'所处的现代，天空也不再代表着上帝的光辉。"无论这一转变和革命带来何种痛苦与烦恼，现代社会的男人与女人带着他们各自的困惑与期望，已然进入了一个全新的世界。

权利的平衡

任何理论的缘由都不是马上能让人们看懂的，这可以从欧洲在12~18世纪的发展起源中看出。罗马帝国的消失以及之后新欧洲国家之间对土地的争夺导致了空隙的产生，这一空隙是否在欧洲的政治、经济和个人道德发展中起到重要作用是值得商榷的。

权力平衡的概念通常与1713年签署的《乌得勒支和约》相联系起来。这一和约是法国、英国及西班牙之间的秘密妥协。然而它却从一开始就成为政治动态的核心，在843年，它也让神圣的罗马帝国查理曼大帝的继承人开始分裂。每一个国王都想成为"自己王国的皇帝"，这一各国之间永远的竞争也就解释了欧洲大陆上战争与和平那不变的循环周期。

经济史学家埃里克·琼斯在他的《欧洲奇迹》一书中写道，很大可能是欧洲的地理情况导致了欧洲的政治更迭。欧洲的天然屏障——阿尔卑斯山脉、比利牛斯山、英吉利海峡揭示了要在罗马帝国陨落后再建立一个新帝国是多么困难。这些天然屏障为英国、西班牙以及较小范围的法国提供了庇护，这也就是为什么这些国家相比德国、奥地利、波兰能够维持更大的政治稳定性。欧洲地处欧亚大陆的边缘，这一点也保护着它不受到蒙古族的侵犯。巴格达、大马士革，以及其他穆斯林城市都是被成吉思汗的继任者所消灭的，这一威胁也一直留在了中国人的心中。在欧洲人的想象中，对于蒙古族的恐惧会渐渐消失，虽然缓慢但肯定无疑。

欧洲大陆上的战争历史为我们提供了变革是如何发生的指引。在中世纪，任何诸侯都需要以实物来献给他的君主。在40天里，一定数量的士兵都将任由君主调遣，第41天即可免除义务。11、12、13世纪的货币经济发展让诸侯们能用现金来代替实物献给君主。这一货币财富让君主们免除了40天机制，并使他们可以充实正规的军队。君主于是便可以招募雇佣兵。各项兵种的能手，例如英国弓箭手、瑞士长矛兵、日内瓦火绳枪兵，等等，他们使封建军队渐渐消失。

新型的军事技术给军队们带来了更好的装备和创新。在克雷西战役〔1〕中，英军早已使用射弹来轰炸敌军，但是那时射弹也只能吓吓马而已。一个世纪后，经过不断地改进，大炮的出现威胁到了固若金汤的城堡。大炮的使用让一个君主能给他的人民所提供的安全变得不复存在。在1450～1550年，君主们不得不正视一个事实，那就是即便是改善后的防御工事也不再能保护他们了。只有王权才能保障安全。

在经济领域，封建主义在14世纪大范围的黑死病面前退缩了。这一瘟疫减少了将近1/3的欧洲人口。对土地使用来说，人口的突然缺乏给了农民新的自由。它让农民远离了苛刻的地主，并到其他地方寻求生计，而其他地方的地主也肯定会因为缺少人手而接纳他们。在"欧洲的西部〔2〕"，大多数农民在1500年后被解放。他们可以合法地结婚、移居，并成为土地的主

---

〔1〕 发生于1346年8月26日，英军以英格兰长弓大破法军重甲骑士与十字弓兵。
〔2〕 意为易北河的西部。

人。封建制度逐渐毁灭，国王们也可以保护他们的农民，这再度削弱了领主的君权。

东欧与西欧的巨大分歧就来自于上述分裂。在东欧，农民解放战役失败。统治阶级强迫他们再次回到了原来的路上，厚颜无耻地剥削着他们，没有做出一点改变。所以，直到19世纪末，俄罗斯才废除了奴隶制度。

文明化的礼仪

16世纪中期至17世纪中期，欧洲经历了一段奇异的野蛮时期。这一点被法国历史学家罗贝尔·穆尚布莱一针见血地指出。那一段时期血流成河。法国的亨利三世与亨利四世以及其他国王被暗杀。这一时期还经历了无数的宗教战争。欧洲大陆的极度分裂导致了矛盾的宗教与野心勃勃的王子之间不断争斗。众多军队踏上了欧洲的土地，让那些被征服的领地上的人民产生了恐惧，这其中就包括了平民。但是这一行为也多多少少地暗暗迫使所有国家放下武装，以平息既不是士兵也不是守卫者的人民的恐惧。

在下令解除武装后，人们通过皇家法院来寻求保护。司法官、法警，以及居住在军营的职业军人替代了雇佣兵。通过哲学的努力，人们开始将普通暴力与"合法"暴力区分开来，这意味着严格限制杀人的权力，即便那是为了履行国家的神圣职责，或是为了所爱之人，又或是为了合法的自卫。在17世纪中叶，谋杀率经历了一段非常低的时期。德国社会学家诺贝特·埃利亚斯将其称为"文明化礼仪"的开始。

抗议者被无情地驱逐。1768～1772年，根据穆尚布莱所说，法国警官，这一曾是欧洲最好的警官队伍逮捕了71 760名乞丐，其中许多乞丐都是从乡村来的没有家并且极度绝望的年轻人。多亏了这次围捕，自杀率不再是当权者的主要忧虑了。于是，法律实施的目标开始对准了小偷。"简单的偷窃，又或是仆人偷窃了主人任何一件小东西，甚至是一块手帕，都可以让人们恐慌。"从18世纪中期开始，对物品所有权的保障变得重要起来。资产阶级文明开始统领整个世界。

代议民主制的产生

一些国家经历了这些变化后显得混乱不堪,于是一种新的管理原则产生了,虽然在期初这一体制也十分脆弱。在 14 世纪的大多数欧洲国家,出现了众多名目的议会,如法兰西三级议会、西班牙或葡萄牙议会、英国议会。它们有着共同的特点,同时也满足着相同的需求,那就是直面各国的预算需要。

没有任何一个国家能比英国更能显示出议会过程的原创性。1214 年 5 月,男爵们前往伦敦,他们让"没有土地的"约翰国王撤销了一项决定。这项决定的内容是向贵族征收额外的税赋,并只免除了陪伴国王前去法国的男爵们的税收。约翰国王在封建贵族的压力下签署了《大宪章》,这一法令抢先了法国的《人权宣言》好几个世纪。男爵们得到了国王的允诺,即保证司法公正与个人自由。但是摆在他们面前的一个实际问题是国王必须先提高税收来使议会同意他的做法。于是,在这样的情况下,代议民主制产生了。

此后英国议会总是给予咨询意见,他们维护并加强了其自身的合法性。当斯图亚特王室在 17 世纪中期面临着经济困难时,他们不得不寻找其他的出路,也不得不接受议会更有用的帮助,因为这个国家没有一个有效的财政管理机构。1648 年与 1688 年的两大改革改善了国王与新议会势力之间的平衡。在 1689 年,《人权宣言》的 13 篇文章昭示了《大宪章》中隐藏着的财政权,即国王在没有议会的同意下,不得提高税收,也不得扩张军队。

这一对国王财政的监管被证明是对财政管理的利好消息。它保障了银行家的权益,也允许了国家借贷活动从低利率中获益,利率从 1688 年前的平均 9%一路跌到 1750 年的 3%。根据经济学家道格拉斯·诺斯的观点,这一变革是决定性的。英国的经济成功还得归功于这个"最优秀的机构",因为这个机构更尊重私有产权,更保护了人民不受土地征收的危险,这也使得议会成为了一名时刻警惕的监管人。

有关民主降低了利率的说法受到了许多历史学家的批评。由私营部门支付的利率在英国革命之后是增长了而非减少,并始终维持在与欧洲其他国家相应的水平线上。但商业贸易率在投资融资与资本积累中却是最重要的。有关英国1688年"光荣革命"开启了资本主义发展的说法经不住考验。

事实上，恰恰是与法国的军事对立使得用于支付公共债务的低利率成为英国的一大优势。在美国独立战争时期，英国与法国之间的战争代价巨大，英国只能通过借款来弥补军队开销，而法国也深陷财务泥潭，只能通过越来越多的借款来重新融资。就像如今的新兴国家一定得向国际货币基金组织求援一样，路易十六不得不将法国公共财政的管理权移交给瑞士银行家内克尔。路易十六也正因为召集了三级议会来解决国家预算问题而丧命。斯图亚特王朝的查尔斯国王也是同样的下场。

总　结

欧洲发明了一种单一民族国家的新的政治模式。这一模式介于城市[1]与帝国[2]之间。帝国长期存在于欧洲人的意识中，成为一个强有力的谎言。如日耳曼罗马帝国直到1806年才正式废除。但是没有任何一个欧洲国家能够成功恢复帝王的诏令。每个国家学会在自己的边界内生活，与地处海边或山边的其他邻国一同竞争。这一永久的紧张关系成为欧洲动态机制的基础。欧洲不得不学习如何将宇宙大帝国的理念[3]与各个国家的突出表现相结合。

欧洲站在了军事与道德紧张关系的十字路口，人类学与科学理念开始繁荣。1633年对伽利略的审判在一段时间内扼杀了意大利的科学理念，但是这团科学的火焰毫不费力地传到了英国牛顿的身上。无论改革如何进行，任何想法都无法被长期遏制。想法总是能受到国王与王子的重视，因为他们想要占领邻国。商业文化一路从热那亚传播到安特卫普，从阿姆斯特丹飘至伦敦。在去印度群岛筹资之前，克里斯多弗·哥伦布[4]游历了欧洲

---

〔1〕　以雅典为例，威尼斯、佛罗伦萨与汉萨同盟作为后继者。
〔2〕　以罗马为例。
〔3〕　尤其通过基督教信仰表现出来。
〔4〕　生于意大利热那亚，意大利航海家与殖民者。

首都好几遍。所有人都拒绝资助他的航行。多亏西班牙犹太人提供的资金扩充了流动性,使他最终得以从西班牙获得了资金。

欧洲各国之间的军事斗争同样也给各国在进军海外东印度与西印度时提供了决定性优势。他们的军队装备既精良又专业,可以沿途扫荡各种麻烦。军事上的强大优越性,以及科学革命带来的巨大思想储备使得西方如今征服了整个世界。

第三章 马尔萨斯原理

农业的制约

除了新的技术革命之外,欧洲古往今来始终面临着一个障碍,那就是粮食危机。11、12、13 世纪的繁荣迅速被 14 世纪初的饥荒所打破。饥荒、瘟疫、战争的各种组合蹂躏着人类社会。到了 14 世纪末,这些灾祸使人口减少,较世纪初减少了 1/3 还多。直至 17 世纪初,人口才达到了历史上的峰值。正如我们所看到的,这一缺口导致了封建主义的破灭。土地上的人口突然变得稀少。奴隶逃到了君主的管辖区,但也被保证能够找到居住的地方。

大约在 15 世纪中叶的复兴解救了人类,使得已经减少的人口免于遭受粮食的限制。归功于较低的人口数量,欧洲得以从更好的农业生产中获得收益,并更多地使用富饶的土地。这一过程解放了一批人口,让他们移居至城市,并参与到商业复兴的过程中。

相同的原因总是能带来相同的效果。欧洲人口大约在 17 世纪中叶返回到了14世纪初的水平,农业的制约现象再次出现了。可恨的"三人组"——饥荒、瘟疫与战争重新席卷了欧洲。30年战争[1]更是带来了痢疾、伤寒、天花以及瘟疫。1628~1638年,法国遭遇了数次饥荒,1646~1652年也是如此。1693~1694年的饥荒已经严重到了被世人称为"大饥荒"。到了18世纪初,法国再次变成了一个贫穷的国家。经历了这么多的辉煌后,这怎么可能呢?这个问题于是便成为许多经济学家想要解决的悖论。

托马斯·马尔萨斯教士的理论

古典政治经济仍然激励着如今的经济学家们。它产生于18世纪末,那时人们对财富是来源于土地还是来源于人有着激烈的争议。亚当·斯密与大卫·李嘉图就是探讨这一主题的大师。但是人类历史上最辛辣的想法,这一每个人都追随的理论来自于托马斯·马尔萨斯。他是一名基督教牧师。马尔萨斯原理长期成为经济学家们对于世界的理解。

马尔萨斯原理可以被总结如下:无论人类的艺术与科技文明进行到何种阶段,一个国家居民的收入是不增长的。原因极其简单。当一国的收入增加,人口也会随之增长得更多。用理查德·康替龙的话来说,人类即使不受制于粮食问题,他们也会像"谷仓里的老鼠"那样繁殖。任何生活质量的提高都会带来人口的增长,最终又会由于土地供给的缺乏而导致人口下降。

马尔萨斯理论也有可能是过分的。人类社会经历了几千几万年的演变,说其收入停滞这怎么可能呢?然而这种收入的停滞却经过近期的数量经济分析被证实了。格雷戈里·克拉克大胆地在他的《向施舍说再见——世界经济简史》一书中做出了对比。他表明了古巴比伦时代(公元前1800年至公元前1600年)日均工资相当于15磅小麦。在雅典,这一工资相当于26磅小麦。在1780年的英国,这一数字下降到了13磅。多亏了新产品的引入[2],欧洲

---

[1] 又被称为"宗教战争",1618~1648年,哈布斯堡王朝同盟和反哈布斯堡王朝同盟两个庞大的强国集团为争夺欧洲霸权而进行的第一次全欧洲性战争。

[2] 包括亚洲的可乐、糖果、茶叶、咖啡,以及美国的土豆与西红柿。

居民的热量消耗肯定进一步增长了。但是这些日常饮食之外的食物与单调的面包消耗量相比，仍旧是极少的。当然，这其中还有些补充食品，如牛肉、羊肉以及奶酪等。

将18世纪欧洲最具生产力的英国农业与农业发展低下的社会相比，克拉克得出了令人惊讶的结论。一名英国农民大概每小时产生2 600卡路里，其中包括了小麦、肉和脂肪。许多所谓的原始社会有着更高的数字，如印度尼西亚人产出4 500卡路里，巴西人产出17 600卡路里。鉴于狩猎者一星期内仅仅工作几个小时，人类生活条件的巨大退化在上万年的岁月中出现了，它标志着农业与工业时代的划分。

收益递减理论

一个简单的原理出现了，它让我们能够理解欧洲所发生的变化。农业生产的规律是符合收益递减规律的。如果一个社会更多地进行耕地来养活日益膨胀的人口，那么这个社会就应该将农业生产更多地转移至不太富饶的土地，而且养活人和畜牧也会变得越来越困难。当然，人口也将不可避免地达到一个不再增长的节点。

这就解释了财产收入的产生。在强迫人们清理与耕种贫瘠土地的过程中，人口的增长让那些拥有富饶土地的地主有了租金收入。这些地主不害怕竞争，其土地花费极高。这一理论与18世纪重农学派的理论相互矛盾。由作为宫廷医生的弗朗斯瓦·魁奈领衔，一些作者认为通过种植一棵水果树人们可以再多产出5棵树，于是可以满足从前5倍人的粮食需求。通过这一理论可以得出土地是财富的唯一来源，因为它继承了神的慷慨主义。而在马尔萨斯原理中，与之相反的想法才是正确的。如果上帝真的是无限慷慨的，那么人们将拥有无限的富饶土地，财产收入便是零。租金衡量着人们的贪财，而不是人们的慷慨。

关于财产收入的理论同样解释着贵族与财富间的历史性等价。第一代贵族占用了最好的土地，也让他们获得了社会地位与财富。接着进入的居民获得了最后的可用土地，之后也成为新富人。斯齐亚沃尼总结道，古代经济的前景已经被一个简单的符号所代表,那就是收集租金的地主。其他任何代表财富形象的事物也只是"短暂且模糊的"。这些术语在所有时代与文明中都十分重要,至少直到工业革命之前。

悲观科学

马尔萨斯原理为经济学戴上了"悲观科学"的帽子。对启蒙运动的思想者来说,例如孔多赛,贫困与痛苦并不是源于人类本性的"恶",而是来源于坏的政府。马尔萨斯的父亲就是启蒙运动的仰慕者,而马尔萨斯却想要表明截然相反的想法,即好的政府最终也会危害公众。既然人口增长拥有了所有优点,那么和平、稳定、公共卫生都会成为诅咒,最终成为不幸。对比之下,战争、暴力、苦难的生活创造了相反的情况。它们使人口增长有所停滞,也让那些幸存者生活得更好。例如,在14世纪中期欧洲经历了大瘟疫,这场瘟疫却改善了幸存者们的经济条件。

在前工业化世界,高死亡率有着良好的效应,因为它为人们节约了几个月的粮食。与此同时,从社会角度来看,差劲的卫生状况也没有危害性。当英国的环球剧场在1599年演出莎士比亚戏剧的时候,全场的500名观众只有一个抽水马桶可使用。如果不在剧院里,或是楼梯上,又或是在走廊中,那么一些人只能去邻近的花园解手了。同样,凡尔赛的法院也因为可怕的气味而出名。

我们可能会感到很惊讶,因为任何理论都应该指出,17世纪国王们统治下的人民生活水平应该与澳洲或亚马逊土著人民的生活水平相等。那么我们该如何对比凡尔赛人的灿烂生活与狩猎者的露营生活呢?答案就是平均生活水平与极端生活水平之间的差异。相比几千年前的非洲大草原,大多数18世纪的欧洲居民并没有很好的生活条件。但是极少数的富人却非常富有。而马尔萨斯理论的核心就有着一个悖论,即不平衡是一件好事。不平衡没有改变任何与普通阶级生活品质相关的事物,但却提高了上层阶级的收入水平。人均收入伴随着社会不平衡而增长。所以,社会不平衡促使了人均收入增长。这正是由缺陷的繁荣所支配着的。

在马尔萨斯理论下,另一大社会悖论就是工作也得不到收入。一个社会越是工业化,那么每小时的工作回报肯定会下降。狩猎者与英国早期产业的工人收入一样,但他们的工作时间却很短。其收入水平与一名工人在19世纪初工作10小时/天、平均每年超过300天所获得的净收入持平。相比之下,在委内瑞拉的狩猎者型社会,他们的习惯与收入很好衡量,他们平均每天工作2小时。

马尔萨斯原理深深地影响了古典经济学家。他们有着对人类历史的悲观观点,即人类社会注定会永远贫穷。这一想法的继承人是马克思,他的所有著作都是为了证明无产阶级在资本主义体制下永远无法变得富有。马尔萨斯理论同样还起着另外一个重大的哲学作用,实际上,它表明了人类会受折磨于他/她所不能理解的原理。达尔文是正确的,当他将《物种起源》献给马尔萨斯的时候。

第一个参与"人口转型"的欧洲国家是法国。这一转型是指让孩子的人口数从前工业化时代出生率的最高值——平均每一位母亲有十个孩子——降低为与现代社会相应的生产率,即平均每位母亲有两个孩子。经济学家解释道,人口转型是由物质繁荣与公共健康的进步所带来的。归功于这些因素,根据加里·贝克尔的描述,家庭转型开始从量的转型变为质的改变。一旦人们相信自己的孩子不会早逝,那么人们就会少生孩子,并更好地照顾他们。

然而,法国却让这一说法无效了。从18世纪中期开始,即使在物质文明进程之前,法国人的出生率已有了巨大的下降。在法国的例子中,文化转型是先于经济转型的。比方说,18世纪初期,法国人要比俄罗斯人多得多,也是英国人的3倍之多。如果法国也经历了像19世纪英国那样的人口膨胀,那么今天它的人口将会接近于2亿。这些数字表明了人口增长的力量。

德国长期维持了强劲的人口增长速度,甚至比英国还要久。当然它也超越了19世纪中期的法国。人口增长是缓慢进入现代化的国家想要胜过其他国家的一大主要原因。法国与德国之间的增长不平衡也在挑起20世纪战争中起到了重要的作用。

第四章 被解放的普罗米修斯

工业革命

  大约在18世纪中期,欧洲发生了一大重要转折,这一转折的重要意义完全可以和新石器时代的革命相提并论。生活在几十年前的人们不敢想象,工业革命会如此不可思议地颠覆人类的生活。在这一世纪,工业革命逐渐打破了马尔萨斯原理。那么这一切究竟是如何发生的呢?

  顾名思义,工业革命是伴随着新型工业技术的出现而发生的飞跃。其中,最著名的技术发明是詹姆斯·瓦特发明的蒸汽机。它促使了一系列创新,即便这些创新最初旨在改进矿井抽水工作。随后人类便学习着用它来做许多其他的事情。在它的带动下,获得发展的领域大多是纺织业、铁路运输与汽船业。归功于蒸汽机,全球的商品化进程才真正开始。

  亚里士多德通过一个著名的理念来解释奴隶制,即如果梭子能够自己运转的话,那么各行各业也就不需要工人了;如果每一个工具能够自己完成特定任务,那么人类世界便再也不需要奴隶或是工匠了。英国的织造历史便准确地应验了这一预言的结果。

1733年，一位聪明的织布者约翰·凯发明了亚里士多德梦寐以求的东西——梭子。梭子的自动来回让它能够编织出比机器更宽的布。多亏了梭子的发明，织造的速度比以前翻了一倍。之后，梭子的发明者却被他的家乡科尔切斯特赶了出去，并被暴徒们穷追猛打，原因正是这些暴徒们深知梭子的出现会夺去"他们的"工作。约翰·凯最终在穷困潦倒中死于法国。然而，他的发明却为英国纺织业未来近100年的发展提供了优势。这项发明带来的经济效益本身就占据了19世纪上半叶英国增长的50%。上述一连串的经过也成为资本主义体制运作的完美示范。约翰·凯发明的机器大大减少了织造成本，但是，纺织业的发展要求纺纱过程要维持在同一个节奏上，而旧式纺车的工作效率实在是太低。布料交付的延迟情况愈发严重，价格也随之上涨。直至1764年，另一位有灵感的发明者理查德·阿克赖特出现了。他将纺车改进成了水力细纱机，能够利用水能同时运作8个、16个甚至60个纺锤。1777年，为了提高机器运作的动力，阿克赖特拜访了詹姆斯·瓦特，因为瓦特的蒸汽机能最好地帮助他完成任务。

在之后进一步的发展中，纺织业遇到了新的障碍——漂白技术。在过去，布料通过凝乳来漂白，并在阳光下晒干。这需要许多草坪和奶牛。于是化学工业便着手解决这个问题。之后不久，彻底的创新产生了。首先，整个纺织行业从使用牛奶转向了使用苏打水。但是，苏打来自于一种十分稀有的植物（钾猪毛菜），在那个革命与帝国的时代背景下是十分短缺的。渐渐地，法国人尼古拉斯·吕布兰所发明的漂白流程被采用了。1774年，氯被分离出来并用于漂白。

第一种合成染料于1856年被商品化，它是由英国化学家威廉·珀金发明的。维多利亚女王出席1862年万国博览会时身穿的淡紫色裙装引起了欧洲化学家们的嫉妒。德国化工产业的兴起也正是由于这个挑战。1869年，德国人合成了茜草色素，那时拿它来替代红玫瑰[1]，使其成为红色染色

―――――――
〔1〕 种植于普罗旺斯。

的基础。多亏了这一发展带来的额外好处,更多的研究实践第一次开始与理论研究以及利润相挂钩。之后,靛蓝染料又被合成成功,并于1901年被商品化。在此过程中,1899年德国化学家们还发明了阿司匹林,开启了现代医药行业。

工业革命的逻辑始终是相同的。对增长的追求推动了那些落后领域向前进步,直至差距被消灭为止。它还激励了创新,即那些打破了从前均衡的自主创新。这一动态机制是非常规律的。一种不平衡追随着另一种不平衡,对增长的追求最终促使了各领域的发展。

英国作为一个独特的国家经历了纺织业与冶金业的增长,随后又有了机械制造业,以及舰艇建造的增长,这些领域都依靠出口找到了市场。英国在发展区域化的过程中也比其他国家走得更远,例如曼彻斯特的棉花、格拉斯哥的机械制造,等等。英国的发展为后来的亚洲模式提供了先鉴的方式,即出口导向型发展模式。在欧洲大陆,尤其是在法国,工业革命的速度是缓慢的。向机械的转变是逐步形成的,这让历史中的手工艺生产历程变得更长。不过,一个世纪后的结果还是一样的。工业社会最终替代了农业社会。

重新发现的科学

大卫·兰德斯在他的《被解放的普罗米修斯》[1]一书中分析了工业革命的进程。兰德斯说道,是普罗米修斯给人类带来了火种,并被宙斯钉在悬崖;而詹姆斯·瓦特却解救了他,于是人类的创造性能量也被再次释放。科学作为一个因素在此进程中发挥的作用如今看来是显而易见的,但在工业革命中却被众多历史学家所忽略。人们通常习惯性地将18世纪的重大发明——冶金、纺织、能源视为富有灵感的技术工人的发明,而非学者们的。然而,即使发明蒸汽机与纺织机的天才工匠们缺乏科学的教育,他们仍能够在需要时寻求学者们或学者文章的帮助。乔尔·莫基尔表明,工匠们处在

---

[1] 剑桥大学出版社,1969年首次出版,第二版出版于2003年。

第四章
被解放的普罗米修斯

一个对科学实验充满质疑的时代。比方说,当威廉·库克[1]开始设想电报机时,他咨询了詹姆斯·法拉第,以及之后的查尔斯·惠特斯通。

蒸汽机证明了工匠创新与科学研究之间的微妙关系。在早期,工匠们的巧思、对机械的直觉,以及纽科门与帕潘的良好实验方法是正式科学训练绝佳的替代品。设计与实验之间的相互作用让詹姆斯·瓦特能够将一项笨拙的发明改进成为一种通用的能源。之后在1824年法国物理学家萨迪·卡诺的努力下,蒸汽机的原理及其更高效的制造方法应运而生。卡诺指出,温度的差异能带来效率。在下一步,英国啤酒制造者及物理学家詹姆斯·普雷斯科特·焦耳建立了温度与热量之间的联动关系。焦耳与卡诺各自的贡献最终被德国物理学家鲁道夫·克劳修斯融合在一起,是他引入了熵这一热力学函数的概念。1850年,一种新的科学产生了,它被一位英国人威廉·汤姆森[2]命名为热力学。1859年,威廉·兰金的《蒸汽机指南》一书向工程师们推广了热力学的理论。

莫基尔很好地描述和总结了工业革命的历程,而不是一个劲地追问工业革命的直接原因。我们不禁会问,为何工业革命的合力增长直至1850年才被人们发现?工业革命的科学依据开始变得重要。1760~1790年那些不可思议的"小工具"发明并不是最重要的,更重要的是科学进步的动态机制,是它让人类克服了种种障碍最终得以发展。

此处值得一提的是,法国与德国的科学发展要比英国发达得多。虽然英国是工业革命的起源地,但渐渐地它在工业化社会中失去了优势。莫基尔引述了其中的一大原因,这一原因值得人们深思。由于英国并不知道如何发展与运用其教育体系,英国的精英们仍旧在精英大学学习,在那儿他们学习着社会礼仪的艺术。而在法国与德国,一些顶尖的工程学院不断涌现,以追赶上英国的技术。它们为第二次工业革命中电力的广泛应用及内燃机的发明提供了人才。

---

[1] 英国解剖学家、企业家,曾从某德国学者的讲座中受到启发。
[2] 后世称为开尔文勋爵。

煤炭、小麦、奴隶

英国在18世纪与19世纪经历了可怕的人口膨胀，这完全印证了马尔萨斯的预言。英国的人口从1701年的700万升至1801年的850万，之后又在1841年达到了1 500万。人口的井喷遵照了传统的模式。在这段期间，女性结婚的平均年龄从26岁下降到23岁，直至19世纪末，英国的人口发展才完成了转变。儿童数量降至"现代的"水平，即每位妇女生育2个或3个孩子。究竟发生了什么呢？

令马尔萨斯派的经济学家们吃惊的是，人口的翻番并没有伴随收入的减少。事实上，每位居民的收入增长了将近10%，这证明了粮食问题以某种方式被解决了。英国是如何成功地养活所有国民的呢？新型技术在寻找农业领域的有效运用中落后了。直到19世纪最后的30余年，合成肥料的提炼成功才增加了农业的生产力。

由此可见，并非是英国人对土地的使用让他们得以自给自足。英国是如何成功的？答案很简单，那就是英国出口工业化产品并进口农产品。英国采用了一种新型工业化国家在20世纪90年代使用的以及中国如今在使用的模式，即完全以出口为导向的增长策略，特别是在第一阶段着重于纺织业。这一模式带来的利润让英国得以进口国内缺乏的农产品。

英国的另一大自然资源库便是美国。然而，对新大陆处女地的开发会带来一个问题。事实上新大陆的土地资源非常丰富，但地广人稀，人力是十分缺乏与珍贵的。谁来开垦这些新土地呢？答案却是险恶的，是非洲人供给了人力资源。在始于17世纪的"三角贸易"中，英国将布匹卖给非洲，非洲向美国出口奴隶，美国向英国出口原棉。美国经济史学家威廉·福格尔与斯坦莱·恩格尔曼颠覆了历史编纂学，他们出版了一本名为《十字架上的时间》的书，并显示出这一三边机制是多么有效。根据计算得出，奴隶生产了美国向英国出口的2/3货品，这些货品主要为糖果与棉花。如果奴隶的减少标志了罗马帝国的陨落，那么非洲奴隶的充裕便促使了大英帝国的崛起。

英国除了可以出口自然资源之外，它还受益于一项不可估量的国内资源——煤炭。它为传统能源提供了意想不到的替代品。所有传统能源都直接或间接地依靠于可用土地、养育人类与动物的可耕土地，以及森林的木材资源。英国起初缺乏森林，但却很幸运地拥有着大量煤炭。煤炭可以成为纺织厂的主要能源。然而，却是铁路与蒸汽船的燃料最终将英国的市场与其供应者联结了起来。

这一循环最终完成了。"普罗米修斯"奇迹般地回溯了英国的煤炭储量、美国的新大陆，以及非洲的奴隶。于是，马尔萨斯原理最终被默默地击败了。

第五章　永久的增长

斯密、马克思与机器

  大约在18世纪中期,经济学家们思考着由市场运作来支配经济的可能性。人们思考的"市场经济"一词就是由苏格兰经济学家亚当·斯密发明的。《国富论》一书中详细阐述了其理论,此书于1776年出版。
  斯密想要表达的是,多亏有了市场运作,每个人都能够专门从事一项工作,例如医生、律师、面包师,又或是鞋匠,并且无须担心缺少了各自不能生产出的商品。这一默默的合作机制,这一"看不见的手"将所有参与交换的人联结在一起。这些理念来源于一句有名的句子:"我们所需的一日三餐,并非来自于屠夫、酿酒师或面包师的仁慈,而是来自他们出于自身利益的打算。"此处,斯密更像是一位哲人而不是经济学家。斯密所说的"利益"一词并非是个中性词,其后用于形容经济核算。正如阿尔伯特·赫希曼(经济学家与哲学家)在其1997年的《欲望与利益》一书中英明地指出,"市场经济"一词长期以来成为贪心或贪婪的代名词,而但丁在其《神曲》地狱篇中还提到了骄傲与嫉妒。在《道德情操论》[1]中,斯密表明了他对利益并不抱有幻想:"这个世界的所有辛苦与忙碌是为了什么? 贪婪与野心,以及对财富、权利、卓越的追求何时是尽头? ……是从哪里开始,各个阶层的人互相竞争?我们提出人生的大目标是改善生活条件,这又会带来什么好处呢?"斯密对此的答案被人们称为被渴望的欲望:"受到同情的、满足的与赞许的观察、照料与关心是这一竞争带来的好处。恰恰是虚荣心吸引着我们,让我们着迷,而不是身心的舒适与愉悦。"

然而,将贪婪与其他欲望区分开来的因素与一个本质区别相关。如果往好的方向引导,贪婪能给公益事业做出贡献,而其他欲望则是毁灭性的。激发斯密灵感的作者正是贝尔纳·曼德维尔,他于1705年出版了《蜜蜂的寓言:私人的恶德 公众的利益》一书。他用诗化的结尾总结了寓意:

  我们发现,
  只要经过了正义的
  修剪约束,
  恶德亦可带来益处;
  一个国家必定不可缺少恶德,
  如同饥渴必定会使人去吃喝。
  纯粹的美德无法使各国变得
  繁荣兴旺……

虚荣心展示了它的野心。同时,物质条件的改进也缓和了人们的思考需求。斯密阐述了其"看不见的手"的理论:"如果没有法律的干涉,个人的利益与人类的欲望会自然而然地使人类社会分裂,并且尽其所能地、从社会利益出发地分散着每一个社会的就业导向。"

所以,光询问人们想要致富的道德动机是无用的,专注于这些动机的影响已经足够。市场满足于估量每个人花在致富上的时间。是亚当·斯密带来了这一真实的想法。在一个有名的案例中他解释道,在猎人社会中,一只

---

[1] 亚当·斯密的伦理学著作,出版于《国富论》前。

海狸的价格可以与一头小鹿作比较,衡量的标准是猎杀不同猎物的必要时间。如果猎杀鹿的时间是猎杀海狸的两倍,那么鹿的价格一定是海狸的两倍。如果比这个价格更低,那么猎人就会立即停止猎捕小鹿。同样的推理可以运用在海狸的身上。人们无须知道各类猎人的动机便能得到上述结论。

从更精细复杂的形式来看,市场做得远不止于此。多亏了市场对劳动力分工的鼓励,它让工人们变得更多产。斯密在其著名的有关大头针制造案例[1]的讨论中说道,10名工人可以一天生产48 000个大头针,而1名工人则每天最多生产200个大头针。大头针生产通过集成化,可以让每个工人的生产力提升20～30倍。但斯密也解释道,限制这一过程的因素是市场规模。虽然细分工作是件好事,但也必须能找到48 000个大头针的买家啊。如果市场对大头针的需求低于200个/天,那么只需要雇用一名工人即可,即使这名工人的劳动效率不高。伴随着财富增长,人类始终设想着劳动力增长的内生过程能够生效。社会越富足,劳动力分工越多,劳动力增长就越多,增长力度也就越强。于是,无穷的富裕开始变得可能。

亚当·斯密并没有进一步阐述是上述案例使他想要把市场领域变得无限大。他提倡取消非商业化活动和国内活动,并表达了让市场活动尽可能变多的愿望。诚如流行语说的那样:"每个人都是赢家——无论是买家还是卖家。"

资　本

让我们现在开始从另一个角度进行思考。卡尔·马克思曾报道了一位母亲的证词:"那是我的儿子。当他7岁的时候,我曾背着他来回地穿过雪地。他曾经必须要每天工作16个小时……我时常跪着喂他吃东西,因为他站在机器旁一步也不能离开、不能停止工作。"马克思在亚当·斯密之后的一个世纪出版了他的巨著《资本论》,在他眼前的是英国社会在资本主义领导下发生的变革。对他来说,市场并不是导致全面致富的原因,对一些人的剥削才是。剥削并不能使社会变得和谐,相反,它促成了内战,引起了各阶

---

〔1〕 在一次作为某年轻贵族的老师去诺曼底的行程中斯密所受到的启发。

级之间的斗争。

归功于马克思的思想，工人阶级的生活水平进入了经济学的书本。工业劳作不再是一个抽象的原则与一种"未来的想法"。相反，它成为一个悲惨的现实。为了解释资本剥削劳动的方式，马克思引入了一对相反的基本概念："劳动"与"劳动力"。为了探明其中的区别，让我们先假设海狸猎人花了10小时去射杀一只海狸。那么这只海狸的价值如斯密所说就是猎人10小时劳动的货币价值。问题是没有任何人能够保证猎人能够得到那些钱。如果他被资本家所雇用，那么雇主应该付给他多少工资呢？猎人的市场价至少要包含吃、穿、住，简单地说，就是一切能够让他工作的成本。这就是"劳动力"的价格。他应该得到更多吗？如果有大量的工人愿意承接这个工作，那么这个猎人就得不到更多。如此看来，支付他最低工资就足够了。比如说，养活一名工人需要相当于4个小时工作带来的金钱，而这一工人能够工作10小时。这其中的价值差就成为"附加值"，并被老板们尽收囊中。这一剩余价值便是利润的来源。就像重农主义思想中慷慨的上帝一般，是天性让资本家们变得富有，他们通过利用人类劳动的独特能力来致富，而非仅仅依靠生活成本的节约。

于是马克思更加确信，只有在维持无产阶级需求的条件下，资本主义才能够带来利润。"无论薪资水平如何，工人的生活条件肯定会随着资本的累积变得越来越差。（资产阶级）甚至没有能力确保其奴隶仍旧在其掌控范围内。"马尔萨斯曾将这种可怕平衡的主要原因归结为人口压力。马克思通过一个新的理念将马尔萨斯派学者的理论引入了工业世界，这一新理念就是产业后备军。为了执行低工资并获取剩余价值的来源，资本主义需要使一大部分无产阶级者没有工作，并且让有工作的人获得一笔养家糊口的薪水。资本主义用其自身创造出来的贫穷来代替贫穷，而非用人口压力来代替，以最终达到正常运转的目的。

像人一样的机器

马克思、亚里士多德以及英国政治经济学家大卫·李嘉图都认为，机器正在与人类开展竞争。对马克思来说，新机器的出现减少了对工人的需求，这使得产业后备军进一步增长，并使无产阶级注定贫穷。矛盾之处就在于，是机器使得操作它的人变得更有生产效率，让工人的薪资增长变得更有可能。上述观点成为新古典经济学理论的基础，这一理论将斯密的理论与李嘉图的理论应用到了新工业世界的现实中去。根据该理论，人类与机器是互补的。人类与土地都可能出现在前工业化时代。除此之外，利润并不是小偷，反而，它衡量了机器对劳动生产力做出的贡献。

土地与资本之间的主要差异就是，当工作人口增加时，机器的数量也会相应增加，而可耕地数量的增加却是十分困难的，有时甚至是不可能的。所以，人口不再是工业化社会的一大问题了。人口虽然增长，但人均收入仍旧维持在同一水平。是工业打破了报酬递减的规律。生产力规模并没有给生产效率带来任何影响。如果有人将工人数与机器数翻倍，那么此人肯定能使生产翻番。不同于农业，工业遵守着收益不变的规律。

然而，人均收入是否不仅仅能够维持不变，还能进一步不确定地增长呢？增加机器数量不是解决的办法，而一个人也只有一颗脑袋两条胳膊。工人操作机器数量的增长总会在某个时刻变得无用失灵。多亏了经济学家罗伯特·索洛带来的简单又有力的理论，它使我们看到了上述缺失的环节。除了生产的两大要素——资本与劳动外，索洛又增加了第三大要素，他将其称为"技术进步"。约翰·凯并没有将两台陈旧的机器交在编织者的手上，而是提供了一整台新的机器，让编织者们能够使用纺锤。而如今只需轻轻一按按钮，一个人就可以完成以前几个人做的一连串工作，例如听写、打字、送信等。

技术进步让单一的工人长了"更多的臂膀"。它就像是工作小时的倍增器。多亏了新型技术的到来，19世纪需要4个小时才能完成的工作在20世纪只需1小时就做完了。在单一工人劳作的表面下，许多"像人一般的机器"默默地在为这个人工作。于是，人均收入与技术进步的增长率又相同了，这也衡量出了机器的数量。

看起来一切都十分清楚，除了以下问题的答案：技术进步是如何而来的呢？

莫扎特与熊彼特

　　为了了解工业革命开启的世界，为了将其与之前的世界作比较，经济学家迈克尔·克雷默提出了一个大胆的理论，该理论将前工业化时代的马尔萨斯理论与现代增长理论结合在了一起。克雷默假设在工业化时代之前，生产理念来自于一个非常简单的规律，我们将其称为"莫扎特原理"，即每个人都有相同的机会产生一个伟大的想法，又或是成为莫扎特。这一合理的假设使一个极度强大的过程产生了。人类数量越多，其想法就会越多，这些想法就越能产生新技术的发明，最终减少了社会发展中经济与人口的限制。于是，人类可以有更多的新生儿，更多的想法得以蓬勃发展，而这一过程也将最终无止境地继续下去。

　　一种自发的机制可以解释为何人类人口增长得如此迅猛。新石器时期人类有1 000万人口，耶稣时代有2亿人口，而在1800年工业时代的初期，人口增长至10亿。平均来看，每一个人的存在都给解决问题提供了出路。

　　我们可以认为技术进步的来源是在18世纪末新工业世界的相同时期产生的吗？答案也不全然。在现代经济增长的框架里，有一种自发的机制在起着作用，那就是市场规模而非人口增长。亚当·斯密早已在大头针工厂的案例中洞悉了是市场领域的扩展促成了规模经济，使得工人们变得更有生产效率。内生性增长的理论家们，尤其是保罗·洛玛与罗伯特·卢卡斯接受了这一直觉理论。该理论最重要的理念就是增加规模报酬。市场越发展，越多值得做的创新就会产生。事实上，当大批顾客到来的时候，发明者便更多地挽回了他的投资损失。人口不再支配着经济增长，而是财富让社会越来越富足。

　　《国富论》出版后的两个世纪里，经济学家们开始对规模报酬这一概念感到厌烦。导致这种现象的原因可以在亚当·斯密的书中发现。当他在强调劳动分工的好处时，斯密同样想要表达的是生产者之间的竞争带来了市场公平与效率的平衡。这也就是"看不见的手"的主旨。

经济学家们很快地意识到了斯密有关规模报酬递增会带来好处的提议与有关竞争会带来好处的提议是相互矛盾的。诚如大头针工厂案例表明的那样，大老板要比小老板更有优势。从规模经济模式中获得的利润使得大老板们能够将其业务拆分，能够以更低的价格出售物品，并且让小型商业消失。所以，马克思也同样提到，这一推理预示着一个越来越大的生产集中化即将形成，最终不可避免地阻碍着纯粹的竞争。于是，就算将规模报酬增长定律推向极致，它也同竞争规律相互矛盾。反而，它形成了垄断理论。

然而，如果人们能够明确地想出矛盾点——垄断性竞争，那么这一困难就被解决了。这一理论在第二次世界大战前初步形成，后由于凯恩斯理论的出现而渐渐失色。多亏了约瑟夫·熊彼特[1]的方法，该理论才最终得以复兴。熊彼特的观点可被总结如下：垄断是短暂的。只要企业达到了对某一产品的垄断，那么其他企业就会通过发明其他产品来打破上一次的垄断。根据熊彼特的想法，资本主义都不属于亚当·斯密与卡尔·马克思提到的种类。该想法仍旧在当今的经济学家中占据主流地位。与斯密的想法相反，该想法并不是鞋匠与面包师互相提供所需物品的团结标志，而是掌握现代技术的面包师与没有掌握技术的面包师之间的盲目竞争。同时，与马克思的想法相反，该想法也不是工人阶级贫穷化的标志，因为技术进步让工人们变得更有生产效率，并且使工人们得到了更多报酬。

然而，技术进步并不是工人的友好帮手。索洛曾提出，工人不再是古代主人的奴隶，但工人也成为不了时时刻刻为他们免费工作的机器的主人。现代世界的工人是其命运不确定性的奴隶。可以说，技术进步既是创造性的，又具有毁灭性。这两者之间的分界很快就被打破了。只要经济增长迅猛，长期敞开在外的社会性创伤就能被抚平，一切都会变得美好起来。而一旦经济增长放缓了，又或是巨大的破坏导致了更严重的经济负增长，平衡就会被打破。

---

[1] 籍贯是奥地利，后在哈佛大学担任教授。

第二篇　繁荣与萧条

第六章 战争的经济效应

和平的经济效应

在1919年出版的《和平的经济效应》一书中，一位年轻的英国经济学家约翰·梅纳德·凯恩斯将人们带回了迟暮的巴黎社会。当欧洲繁华散尽之时，四大帝国陨落，全世界的中心已然转移到了美国。在这个充满尘埃与鲜血的环境中，一位老者对法国的评价如同伯里克利对雅典的评价一样——拥有着与众不同的价值，没有其他任何事物能与之媲美。但这位老者的政治理论却来源于俾斯麦[1]。他对法国有着错误的信仰，但对世界、法国人以及他的同僚却有着清醒的认识。

前法国总理乔治·克列孟梭曾是过去时代的代表性人物，他签署了《凡尔赛和约》，该和约确立了德国的战败。克列孟梭想要的是一次性地、永久地压制住德国的发展动力，并确保德国从此不再能超越法国。从德意志帝

---

[1] 1815～1898年，普鲁士宰相兼外交大臣，被称为"铁血首相"。

国创始之初的1871年一直到第一次世界大战爆发，德国的工业生产数量增加了5倍，各个领域都显示出了强劲的经济活力。就世界贸易领域而言，德国紧随英国之后，在日益扩张的现代工业中，例如化工业、机械工业与电力能源业，占据了强大的位置。德国的农业也同样经历了令人欣喜的发展。作为农业现代化进程的先驱者，德国率先使用了肥料，促进了机械化，并推广了复杂的作物轮作机制。

德国也幸灾乐祸地见证了法国民主的坍塌。在1870年，两国的财力相互匹敌，而到了1914年，德国的财富则超越法国多达70％以上。新型的经济优势满足了德国的野心。德国历史学家海因里希·温克勒总结了德国当时的情况："德国的经济几乎快赶上了英国这一工业革命与帝国主义的起源地。德意志帝国是当时世界首屈一指的经济强国，也许还是第一名。而这一切都抵不上政治权利。德国光是'强国之一'是不够的，它必须成为世界的第一。"

法国前总理克列孟梭还有着诸多的野心想要实现。为了达成这些野心，他争取到了《凡尔赛和约》的赔偿条款，即德国必须割让所有的商船队，并将三条主要河流——奥得河、莱茵河、多瑙河的管控权交由所有协约国[1]管理。德国必须放弃外放贷款、金融贷款，以及海外资产，协约国则有权征收德国海外居民的新贷款，以作为战争赔款。《凡尔赛和约》还同时规定了战败国必须给予法国所有萨尔河矿的出口权；在选举后，上西里西亚[2]必须还给波兰；德国要赔偿法国矿业的一切损失，该数字根据战前利润率而得出。此外，德国还得连续10年每年给协约国2 500万吨煤炭。最后，德国必须给予所有协约国最惠国待遇。

为了偿付这些条款，直至1921年5月1日德国花去了将近100万英镑。协约国也是尽其可能地向德国索取。这100万英镑随后又附加了400万，这些钱本来是用于补偿战争中受灾平民的损失。《凡尔赛和约》并没有

---

〔1〕 第一次世界大战中以英国、法国、沙皇俄国为主的国家联盟。
〔2〕 德国与波兰在第一次世界大战后共有的一个工业中心。

对总体赔偿数目和赔偿日程做出具体规定。但凯恩斯曾做出对比,该和约的赔偿总额与法国向德国俾斯麦支付的1870年战后赔偿金相近,约为5亿英镑。

和约中的野蛮条款也让和约的实施变得不太可能。虽然1923年法国与比利时为了获得赔偿款而攻打了德国的鲁尔地区,但德国支付的赔偿款仍然微不足道。不过,和约中的极端条款依然给德国带来了极度的伤害。尤其是因为,除了在1918年签署了停战协议外,德国始终希望与他国之间维持着"合法的和平"。许多人一直认为,德国与美国之间并无敌对情结,而美国人则将他们所有的希望寄托在伍德罗·威尔逊总统身上,希望其能够找到和平的解决方式。但威尔逊总统却必须向法国的严苛要求低头。于是,德国便有了长期的"如芒在背"的感觉。正是这个原因助长了怨恨情绪,所以在1929年金融危机后,纳粹主义诞生了。

共和国之死

魏玛共和国[1]于1918年11月成立。他的创始者希望尽可能地创造出最民主的社会体制,包括普选权、国民议会及总统的定期选举,以及随时可约束政府权力的公民投票程序。此外,共和国的建国者们还采用了比例代表制[2],通过牺牲政治高效化以获得民主责任制。

在事后,我们从建国初期的情形就能很容易地解释出魏玛共和国失败的原因。在战争失败的阴云笼罩下,魏玛政府的法制建设举步维艰。一方面,是民族主义分子公然抨击其为非德国国家,因为魏玛是《凡尔赛和约》下的产物。另一方面,1919～1920年爆发了流血冲突,两名革命领导人(卡尔·李卜克内西与罗莎·卢森堡)被暗杀,给魏玛留下了不可磨灭的痕迹。

克里斯蒂安·贝奇勒曾强有力地争辩道:"虽然魏玛民主的创建与发展

---

〔1〕 1914～1918年爆发的第一次世界大战以德国的失败和德意志帝国的瓦解而告终。1918年11月,德国发生资产阶级民主革命并推翻德意志帝国,魏玛共和国随后诞生。

〔2〕 依政党得票比例分配当选名额的选举制度。

确实困难重重,但民主的开始是不应该受到怪罪的。"他还说道:"即使到 1933 年 1 月,希特勒的上台也不是不可避免的。德国还有其他的选择。"

分裂的社会

战后的岁月重新揭开了战前的辉煌所带来的创伤。1870～1913 年,德国的城市化进程是大规模的,是残酷的。用贝奇勒的话来说:"城市充满了躁动不安与个人主义,这唤起了人们的乡愁之情,人们想回归到自然、健康、简单的乡村生活。它也同时唤起了人们对道德颓废的担忧。大型城市的社会多元化为社会提升提供了可能性,但它也带来了社会退步与社会动荡的风险。于是许多人将国家的保护视为最后的救命稻草。"

尽管经历了领土与社会的新变化,德国社会仍然是支离破碎的、刻板僵硬的。与其他西方社会相比,它更多地因为社会层次差异巨大而广受诟病。除了资产阶级与工人阶级之间的差异、工薪阶层与技术工人之间的差异之外,德国社会仍然存在着一种封建式的前现代化标准。贵族始终处于特权地位,就连战争前夜的其他西欧国家也是如此。但在德国,贵族发挥着极其重要的政治与社会作用。容克们[1]以及厄尔巴岛东部的地主们尤其享受着其领土上的封建特权,包括治安监督权、教堂任命权、学校人事任命权。贵族们也与军事君主制和官僚体制息息相关,所以他们在权力体系中处于战略地位。战争期间,所有的德国总理都是贵族出生,大多数国务卿、普鲁士和萨克森地区的部长们也是如此。

普鲁士的官僚主义与军事权力充斥着整个社会,这一状态便是"德国自身发展目的的所在,是理性的化身",它也是黑格尔哲学或马克斯·韦伯社会学中提到的典型。官僚主义理应代表着"伴随市场利益冲突而存在的大众利益",这一点并不有利于议会制政府的成立。

除此之外,德国社会也存在着宗教分裂。1/3 的人口皈依天主教,他们是德意志宽容中心党的政治基础。新教教会与国家的关系虽好,但现在的

---

[1] 普鲁士贵族地主。

德国新教主义已然成为严格的道德准则,而不是信仰。随着宗教纽带的不断削弱,人们不断地寻求一种可替代宗教的体系——政治信仰。

虽然犹太裔人口数量极少(占总人口的0.6%),犹太人在社会主义革命与政治解放中的表现不禁让人联想到他们在世界战争中的失败。希特勒就曾被那些描写犹太人战争责任的文章所深深触动。犹太人被矛盾性地指控为既支持资本主义又支持革命的人,还被指控为"想要通过唯物主义的两大形式——资本主义与布尔什维克主义来称霸全球"。

尽管德国在战前是多么成功,但当下的德国却成为欧洲病态国家的典型。(日耳曼)罗马帝国的神话在这片土地上维持的时间比其他任何国家都要久。宗教的分裂给德国留下了深深的痕迹。德国与奥地利之间的紧张关系并没有得到缓解,奥匈帝国也重提了国家统一之事。直到1918年战败后,议会制政府体制才被真正采用,这也是德国政权十分脆弱的原因。

魏玛共和国的生与死

尽管在达成停战协议中遇到了种种困难,但德国的经济还是得到了复苏,增长也恢复了。德国在1922年完成了产业结构调整,与此同时,失业率也降至1.5%。然而,1923年的冬天,这一切都发生了巨大的改变。法国与比利时军队决定占领鲁尔地区,以逼迫德国交付他们拖欠的战争赔款。于是魏玛政府实行了不缴税政策,并为机关部门的赊账买单。为了解决公共财政赤字,政府开动了印钞机,但随之而来的是恶性通货膨胀。物价指数在6个月里增长了10亿。在这一情况下,债权人破了产,私有领域的薪资也随着日益增长的失业率而受到打压。相比物价上涨水平,薪水增长远远拖了后腿。工匠们、商人们、企业家们在这次预算调整中受到的影响较轻,而国有企业员工才是首当其冲的受害者。高级公务人员与资产阶级知识分子也受到了薪酬贬值之苦。

1923年11月,在法国撤退后,德国人对国家稳定又有了期望。与马克并行使用的货币——安全马克在11月16日被创造出来。有黄金储备作担保,安全马克本身有着德国工业与农业资本抵押作担保,这些都促使人们对安全马克有信心。于是，价格迅速恢复了稳定。1924年4月，一项关于赔偿的最新协议"道威斯计划"正在商讨之中。这一计划给德国带来了稳定，也给德国提供了可控的赔偿进程。在战后的前两年，预算问题没有被提及，这让德国获得了一直想要得到的延期偿付权。

1924～1929年是魏玛共和国的黄金年代。货币的稳定性让投资者们重拾了信心，也带来了境外资金的流入，特别是美国的，这给经济的重新启动提供了资金支持。1928年的薪酬水平要比1913年的高出20%。同时，伟大的艺术家们（诗人、剧作家贝尔托特·布莱希特与鲍豪斯建筑学派的设计师们）创造出了令人难忘的作品。就这样，共和国被保住了。

但1929年的金融危机却颠覆了一切。德国是第一个受到国际经济危机影响的工业化国家，还是受到波及最严重的两个国家之一（另一个是美国）。美国的失业率蹿升到了25%。

从1930年开始，极端党派——德国共产党与国家社会党——的普及度激增。德国社会民主党这一曾经的主要政党在1932年被纳粹党人通过选举的方式打倒。社会民主党作为魏玛政府的建国党派，曾运用其自身的力量来防止战后布尔什维克主义式的变革，随后还因清理了巴达克思党人士而招致了极端左派份子的仇恨，因为签署了停战协议而受到极端右派分子的怨恨。极右派在纳粹兴起之前并没有在选举中占有很大分量，但其之后的投票占比数从1928年5月的2.6%涨到了1930年9月的18.3%，1932年7月更是达到了37.3%。德国共产党从1928年的10.6%上升至1930年的13.2%，最后在1932年11月达到了16.9%。

中产阶级的新教徒，特别是那些幻想破灭的公务员与抚恤金领取者对自由主义和保守主义都失望之极，于是他们都将票投给了纳粹。大学里发生的反自由活动正反映了传统精英地位的滑落。大型工厂的工人们抵制着纳粹主义。与纳粹主义宣称的不同的是，工人失业其实与纳粹主义的兴起无关。失业人员与纳粹投票间的关系甚至是负相关，这与德国共产党的情况恰恰相反。旧中产阶级和农民之间的债务问题与投票给国家社会党的关系反而变得十分清晰。德国社会在1929年的危机影响下分崩瓦解，这也让希特勒在1933年1月当上了总理。但世事无法预料。就在一切慢慢变好、纳粹主义也失去势头之时，希特勒上台了。

海因里希·温克勒曾说道："从政治意愿出发，兴登堡[1]本可以阻挡住希特勒的上台。"这一简单的结论令人们颤抖，原来希特勒成为德国领袖是完全可以避免的。

---

[1] 德国陆军元帅和政治家。

第七章　大萧条及其教训

1929 年

危机始于 1929 年的秋天，直至今日它仍是世界资本主义史上最黑暗的时期。从华尔街开始，危机蔓延到了欧洲，之后影响了全世界。1929 年的危机怪物也不断萦绕在现今世界领导人的脑海。在 2007 年的次贷危机中，联邦储备局主席本·伯南克曾明确地表示将尽一切可能让 1929 年的大萧条不再重现。但这两大危机显现出的共同点着实让人惊诧。

兴旺的 20 世纪 60 年代

1929 年的美国大萧条打断了 20 年代的蓬勃发展。现代消费社会的要素以及"美国版生活方式"被广泛传播，如汽车、电力、电影院。石油、橡胶、无线电与建设热潮驱动了美国的发展。汽车的生产量增加了 3 倍，从 1919 年的 1 900 万辆增至 1929 年的 5 900 万辆。

1928 年 12 月 4 日，前总统卡尔文·柯立芝在国会上以成功的口吻做了最后一次总结性发言。他说道："迄今为止，国会议员调查的国情咨文从未有过如此令人满意的结果。"但是，股票市场却动荡不安，1924年高攀冲顶，而1926年却跌至低谷。从1927年开始，投机热开始生成。1927年春天，英格兰银行、法兰西银行、德意志联邦银行联手向美国请求，要求美国货币当局做出行动来帮助衰败的欧洲经济。联邦储备局（非正式名为"美联储"）却将利率从4%下调到了3.5%。根据罗宾斯·莱昂内尔以及一名伦敦经济学院的教授的观点，"从（1927年夏天）起，所有现象都表明，美国的情况开始完全失控。"1926～1929年，股票价格翻了一番。这一愉悦的情绪传播到了每一个小储户的身上。经济学家约翰·肯尼斯·加尔布雷斯就报道过一个关于当时情况的笑话："富人雇用的司机开车时都会竖起耳朵捕捉伯利恒钢铁公司的最新动向。"

渐渐地，在1928年，美联储提高了利率以试图止住金融市场的失控，这一失控在很多年后被格林斯潘称为"非理性繁荣"。到了1929年1月，贴现率已跌至5%。1929年2月14日，纽约联邦储备银行提出将利率从5%提升至6%以抑制投机行为。但在该提议之后的很长一段时间里，政策表现相互矛盾，在夏季结束之前，利率并没有增长，很长一段时间后利率才最终涨至6%。利率上调还是来得太晚。从1929年秋天开始，美国经济就已经进入了大萧条时期。

经济崩塌

历史上将10月24日定为1929年大萧条恐慌开始的第一天。在那"黑色星期四"当天，1 200万股被售出，而一般平均每天只售出400万股。大约在11:30的时候，市场进入了一片恐慌。11名投机者已经自杀。在交易厅外，"人们听到了神秘的咆哮声，并聚集到了一起。"到了中午，纽约最大的银行家们[1]集聚一堂。这些金融大鳄们试图通过继续买入来力挽狂澜。这

---

[1] 花旗银行主席查尔斯·米歇尔、大通银行主席艾伯特·威金、信托公司主席威廉·波特、摩根财团副董事长托马斯·莱门特。

一消息一经传开，股票价格开始止跌回升。《时代周刊》曾赞扬道："在得悉国家最有权力的银行家们都纷纷出来救市的时候，金融界的安全这才保住。"但是随后在10月29日的"黑色星期二"，恐慌再度来势汹汹，无法抵挡。1 600万股被易手，价格一路狂泻，就像螺旋一样越陷越深。10月31日，美联储将贴现率降至5％，但这一切都是徒劳。金融市场的下滑一直持续着。11月13日，市场进入了第一次低谷期，股票价格已跌去了一半。在随后的3年里，比起1929年9月的资本水平华尔街更是损失了85％。

耐用消费品（汽车、家具、洗衣机等）的滞销是打破20世纪20年代兴旺发展的第一个环节。消费品本身对于经济周期是十分敏感的。人们每天必须要吃饱穿暖，而那些汽车与洗衣机等则可以暂缓不买。几年前，消费信贷的问世惯坏了美国人的消费。85％的家具、80％的留声机、75％的洗衣机都是用贷款来支付的。在那时，无论已支付多少还款，只要有一次违约现象，那么再用贷款来购物是会被禁止的，所以这就导致了许多消费者对购物变得更为犹豫。1930年，耐用品的消费锐减了20％，从1929年至1933年，其下降了50％。汽车消费也在1929至1932年间大跌了2/3。

房地产危机是宏观经济平衡被打破的另一大因素。在1926年，新房建设的规模较战前翻了一番，于是随后的房地产衰退显得更为惊人。在耐用消费品市场，信贷成为经济恶化的催化剂。

农民成为这次危机中间接的受害者之一。与其他领域不同，农业并没有在20年代兴起。从战争结束的那天开始，生产过剩成为常见现象，美国的可耕地数量增长足以弥补交战国生产力的下降。战争后的和平年代，超额供给使价格始终处在低位。大萧条中，农民的净收入锐减，1929～1933年减少了足足70％。

金融危机

经济学家彼得·特明准确地描述了1930年耐用品消费下降的现象，这一现象也是经济下行跳水的一大主因。从如何定义危机来看，特明可被归为凯恩斯阵营，其依靠《通论》中的直觉知识来判断经济。凯恩斯的这本书于1936年出版，对于经济学家及战后经济政策都有着深远的影响。对于凯恩斯来说，经济活动的初始收缩会自我酝酿并渐渐蔓延至整个经济体。汽车消费的减少让工人们没有了活干，于是他们便会减少花销并把这种不景气传至其他领域。随后，"危机乘数"一词出现了，这一乘数危机只有政府能够解决。

银行的破产也是大萧条的重要现象之一。米尔顿·弗里德曼与安娜·施瓦茨共著了一本不朽的作品《1867~1960美国货币史》，在书中他们挑战了凯恩斯学派理论，并抬高了金融扮演的角色。在弗里德曼的假设场景中，事件发生的次序如下：经济活动的崩塌危及了银行的资产负债表，于是一些脆弱的银行开始担心存款者变得不可靠（无论正确与否），存款者们开始提款挤兑至银行破产。1930~1933年，美国一半的银行都由于流动性或吸储问题而倒闭，危机前将近有29 000家银行，而危机后只有12 000家幸存。在1929~1933年，美国货币价值（流动性）缩水了1/3。银行危机随即剥夺了脆弱的债务人的再融资来源，并迫使他们走向破产。那些被直接波及的群体有农民、小企业主、破产的家庭等。本·伯南克的研究表明银行破产是可以预计到的。一个月后，美国陷入了20世纪30年代的危机泥潭。

美国货币当局的反应是失败的。尽管他们已经意识到利率非常低（1%~2%），但他们仍然没有注入流动性去拯救银行。根据弗里德曼的解释，上述问题是导致这场灾难的主要原因：货币当局没有及时应对金融危机。他们对银行系统坍塌的不作为更加剧了危机。直到1932年2月，美国前总统赫伯特·胡佛因成功预言1930年的经济复苏而成名，他称道："经济复苏即将到来"，并最终创建了"复兴金融公司"，将公共基金出借给有困难的金融机构。

真理无疑是存在于两大理论之间，即凯恩斯理论与货币主义理论。1930年的危机一开始是运用特明着重指出的因素来解释的：华尔街的破产导致了民众信心的坍塌，打击了家家户户的士气，压缩了他们的需求，并导致了销售网点的恶性循环。但1930~1933年大萧条的形成与范围主要还是由于货币与金融领域的原因。弗里德曼就详述了这些原因：需求危机逐渐地演变成为更深层次的银行危机，这本可以由央行出面通过控制进口来解决问题。

国际危机

要不是1929年的危机使国际贸易崩溃，人们从未想过危机在全世界范围内的影响程度之大。如同80年后的情况一样，危机从美国开始发展至全世界的速度令人惊诧。国际贸易经历了艰难的衰退。全世界进口量从1929年4月的30亿美元下降至1933年2月的10亿美元。美国当局在对银行犯下错误后，还延续了贸易政策上的错误。1930年国会通过了臭名昭著的《斯穆特—霍利关税法案》，小麦、棉花、肉类、工业产品的关税通通提高了40%。所以，美国危机通过国际交换传播至全世界，那些受到美国牵连的国家也急忙采取报复性措施。

经济危机同样导致了原材料的危机，并危及许多出口国家。在拉丁美洲，原材料的价格从1929年到1933年下降了1/3。为了承担负债的重担，大多数拉丁美洲国家都走向了破产。只有阿根廷抗住了债务违约的趋势。

美国的金融地震迅速地蔓延到了欧洲，加上第一次世界大战的后遗症，尤其是1924年的道威斯计划与1929年的杨格计划中德国推迟了偿债期，这一系列的事件加剧了欧洲的金融失衡。直到1932年的洛桑会议，所有协约国才意识到"让德国赔款"是徒劳的。不久以后，1932年5月，随着总理海因里希·布吕宁的辞职，德国作出了早该进行的财政让步。诚如我们见到的那样，这一举措来得太晚了。德国依靠着国际贷款而生存，更是由于这场危机的到来而被立即压倒。现有融资的缺失很大程度上解释了为何预算政策不能解决这场危机，而另一大原因是德国当时拥有不正确的金融观念。

就像美国银行系统里的投资者们一样，从国内出逃的国际资本是脆弱的。货币间的流通一片混乱。1931年5月，奥地利信贷银行走向破产，如洪水决堤般，破产的洪流也击垮了匈牙利、捷克、罗马尼亚、波兰与德国的银行。随后，暴风雨的中心又轮到了英国。突然之间，英格兰银行的黄金储备不够了。1931年9月21日，英镑开始浮动。美元也随即受到威胁，这才激起了美国当局的警惕,这也同时解释了弗里德曼所提到的美国当局缺乏反应措施的事实。之后又轮到了法兰西。虽然法国曾被一度认为是最安全的资本天堂,但在由工人阶级领导的人民阵线政府(1936～1937年)的执政期间,资本开始出逃法国。

在事件发生的整个时期,货币当局曾尝试通过尽可能地维持货币与黄金的可兑换性来让投资者与投机者们安心。正如巴瑞·易臣格瑞在其书中强调的那样,金融机制的有害性是显而易见的,只要美国放弃金本位制,经济就会恢复发展,资本也会源源而来。这一现象在英国始于1931年,在美国始于1933年,在法国始于1936年。这一时期的矛盾点就在于,即使在严重滞胀的经济情况下,战后的高通胀率也使得货币当局对放弃传统的货币观念感到十分担心。

凯恩斯的《通论》

没有任何一个政府能理解1929年到底发生了什么。许多人至今还认为首先要做的是通过维持公共财政的平衡以及货币间的互换性来重拾信心。但是这样做会加剧萧条。就像莫里哀戏剧中建议流血的医生那样,上述做法只会减弱并杀死刚要恢复的病人。凯恩斯的《就业、利息和货币通论》(1936)一书便为经济学家们提供了思考宏观经济均衡的新框架。

凯恩斯反对萨伊定律[1]。萨伊将他的学说总结在了其著名定理中,"供给总会给自己找到需求"。对萨伊来说,人们出售一件东西是因为他/她预见到要购买另一件东西。如果你出售了你的劳力(或鸡鸭、汽车等),那么这一定是为了满足你的其他需要。所以,供给与需求之间存在着游戏般的动态关系。这两者之间不会存在持久的失衡。

为了理解凯恩斯对萨伊定律的批判,让我们先来想象一下独岛上的鲁滨逊·克鲁索与市场经济运行中企业的差别。我们想象着克鲁索没有足够

―――――――――

[1] 以19世纪初期法国经济学家扎伊尔·巴蒂斯特·萨伊命名。

的钓鱼竿。他面临着一个简单的两难处境:要么继续拿现有的钓鱼竿钓鱼,要么开始"投资"做新鱼竿。在后一种情况里,他会意识到自己钓鱼的时间少了,他必须减少他的消耗,这一行为被我们统称为节约。对克鲁索来讲,投资行为与节约行为是不可分割的。他知道他减少当天的消耗是为了增加明天的收入。

但这一共存关系在市场经济中则不复存在了。当个人通过减少消费来增加收入,他们(像克鲁索一样)希望稍后再享用这一行为带来的果实。所以,理性使用收入能够让人们延缓消费来应对明天的消费。但是捕鱼者如今观察到市场对鱼的需求在减少,之后他可能会合理地怀疑明天的需求是否会真的增加。为了做新鱼竿而放弃了鱼的销售数量,这样他能够从中获利吗?

让我们假设他的答案是否定的,他十分担心需求的减少。如果他担心,那么他就会减少对新鱼竿制造的投入,甚至降至比先前预见数量更低的水平。于是一种失衡便产生了。销售量减少,但是投入量也同时减少了。从理论上来说,在宏观经济层面,由于拥有丰富的储备量,这一失衡会导致利率的下降,并刺激了企业再度加大投资。然而,凯恩斯运用了一个更机械的例子来对比这一理论假设。当消费与投资都减少的时候,企业会开始裁员,之后就会使得这些家庭变得更贫困,从而消费得更少。这一沉闷的环境并不会激励企业更多地投资。初始的不平衡效应大大增加,也许是相当惊人的。于是一种新平衡出现了:不充分就业。

凯恩斯对萨伊定律的批判十分简单。花费收入的前提是个人有收入,但是失业的人却没有收入可消费。含蓄地说,萨伊定律假设的是失业的人能够继续消费。用现代的话来说就是,失业的人一直这样做,就好像他的失业是暂时的一样。但是一旦他根据实际收入来消费,那么恶性循环就开始了。低收入导致低消费,商业网点销售逐渐减少,企业招工减少,等等。这就是凯恩斯的乘数效应。

凯恩斯的遗产

"那个时代的道德、政治、文学、宗教因素都一同带动了人们收入的增长……富人毕竟也可以通过节约的方式进入消费的天堂。"凯恩斯在20世纪20年代写的这些话让我们能够更好地了解他对于当时经济失衡的观点。对于凯恩斯来说,所有问题都来源于一个事实,即人性习惯了节俭,却不知道如何消费资本主义带来的巨大财富。"将节约的原理推向极致,那么便会摧毁生产的动机。如果每个人仅满足于简单的食物、可怜巴巴的衣服,以及简陋的房子,那么肯定会导致没有其他食物、衣服、房子可供人类选择。"

为了走出失业,有一个简单的补救办法,那就是不计成本地消费,即使这一方法可能是雇用失业者在早上挖地洞又在下午把洞填平。更好的是,为了避免危机的乘数效应,人们必须将其获得的收入与工作尽可能地分开。收入与工作分开后,人们就可以避免一种情况,即失业会强迫没有工作的人减少他们的花销。于是乘数效应减少了,经济更稳定了。

这就是凯恩斯从大萧条经历中得到的教训。虽然他对当下现象的诠释以及乘数效应理论并不一定能够真正解释20世纪30年代发生的危机,毕竟那时还有金融因素的作用,但是有关资本主义本身及其不稳定的理念、有关使用有效的政策来管理经济的理念被绝大多数政府热情地采纳了。在第二次世界大战后,当政府想要稳定经济时,凯恩斯的补救措施成为政客们参考的圣经。凯恩斯提出的建议是消费而不是节约,这一提议可能也就是上述理念成功的背后原因。这些理念最终成为建设福利国家的基础。

第八章　黄金年代及其危机

光辉的三十年

1946年,在一个名叫都勒的法国西南农村里,工人们工作24分钟的报酬可以购买一千克面包,45分钟可以购买一千克糖,7小时可以购买一千克黄油,8小时可以购买一千克鸡肉。食物在总消费中的占比高达3/4,其中面包与土豆就占到了一半。人们平均每周只购买一次肉食。关于购买黄油的数据就不是那么清楚了。余下的个人花销中的一半都被花费在衣服上。除了服兵役外,大多数居民只有在度蜜月或朝圣之时才外出旅行。

30年后仍是这片村庄,农业生产已是从前水平的12倍。现在的人们只需工作85分钟就能购买一千克黄油。

下表展示了30年来都勒村庄村民的职业变化。

	1946年	1975年
总人口	534	670
农民	208	53

续表

	1946 年	1975 年
非农工人	12	35
技工	27	25
服务业员工	32	102

1946 年前后，每年平均至少有 2 名婴儿出生，而到了 1975 年这一数字降到了只有 0.5。1946 年 20 岁的青年平均高度为 1.65 米，1975 年则升至 1.71 米。1946 年只生产了 5 辆汽车，1975 年则生产了将近 300 辆。这个村庄从原来只有 2 台电视机发展到后来拥有 200 台，从没有洗衣机到拥有 200 台，从 5 个冰箱到拥有 210 个。

这一著名的案例向人们展现了让·富拉斯蒂埃 1979 年出版的经典书籍《荣耀的三十年》。除了该村庄之外，整个法国的面貌在这 30 年来从战后初期到 20 世纪 70 年代经历了巨大的变化。与都勒村庄一样，法国在很短的一个时期内有幸促成了现代经济各阶段的增长，包括农业向工业的转型、工业向服务业的转变。

20 世纪的伟大希望

都勒村庄是社会转型的一个典型例子，人们从一开始将大多数资源用于食物转变到了开始享受旅行与电视。富拉斯蒂埃通过这一案例揭示了其主要发现，并通过科林·克拉克的书籍与英语国家分享了他的观点：现代社会既不是农村型社会也不是工业型社会，事实上，现代社会更可能是一个服务型社会。在其第一本书《二十世纪的伟大希望》[1]中，富拉斯蒂埃描述了他认为社会进步最真实的表现："社会发生的一切都好像是人类劳动从体力劳动转向了脑力劳动。"

1820 年，第三产业/服务业的工作岗位只占到全部岗位的 15％，如今已占据了 75％。我们该如何理解这一转变呢？法国人口学家阿尔弗雷德·

---

[1] 法国大学出版社 1958 年出版。

索维将其称为就业的"溢出/排放效应"。工厂工人的工作要比医生与理发师的工作更容易规范化。所以索维认为,劳动力必然会离开产业并"流入"到更少机械化的人类活动中去。

富拉斯蒂埃曾在其《二十世纪的伟大希望》一书的前言中得意地介绍了一个"举世闻名"的理发师例子,这一例子显示了"溢出效应"定理是如何发挥作用的。现代的理发师多多少少做着像古代一样的工作。此类工作的生产力效应要远比纺织业的弱得多,但几个世纪以来,理发师的薪资水平几乎和技工或工匠的持平。虽然理发师同工人们一样会从技术进步中获益良多,但他们还是不会参与到这一过程中去。实际上,只要消费者想要理发,理发师便可以跟随着整体财富的增长而获得相应收入,同时也可以毋庸担心地提高收费,因为机器的出现并不能够代替他们的工作。他们只需要担心同行之间的竞争。但是只要他们将自己的收费水平维持在行业平均水平就能打败竞争对手。这就是富拉斯蒂埃"伟大希望"的基础。最终,只有人类生活离不开的工种才有信用价值,这是一个极好的消息。

威廉·鲍莫尔也曾运用相同的推理方法,但是论述方向却不同。他预测到了现场演出活动的衰败。戏剧、歌剧、古典音乐会也像发廊一样得益于技术的进步。诚如鲍莫尔所说,如昨天一样,如果理查二世"想要诉说那些死去的国王们的故事",也得花相同的时间。不像理发师,现场表演者是在和电影院、无线电、卫星电视、DVD等娱乐技术直接竞争。面对价格更低的产品,消费者们便放弃了戏院与音乐厅。这是一个简单的教训:为了生存,人们必须利用技术进步,又或在其他没有机械化的领域工作,这样才能不遭受工作危机。如实况演出这种两极间的中间情况其实是最糟糕的。向第三产业靠拢的行业趋势就青睐一些极端情况,例如技术密集型工作与没有任何技术含量的工作。

三十年后

在让·富拉斯蒂埃的书出版后的许多年里,社会发生了很多的改变。

严格地从会计角度来说，毫无疑问的是大量就业机会已从工业转到了服务业，就像一个世纪前从农业转入工业时一样。2006年，也就是《荣耀的三十年》一书出版的30年后，工业在美国总体就业率中所占比例下降了10%。

当然，第三产业经济也绝不可能安置全球所有的员工。虽然实物产品的成本越来越低，靠其生产所提供的就业机会也在下降，但其生产数量和往常一样在持续增加。实物产品必须被搬移并修复。在服务业领域，工业化的工作并没有消失，但是工人们开始变成了操作者或修理者。雇员中有很大一部分是女性，并且雇员们开始承担着出纳或销售员的角色。事实上，实物化的世界仍然是压迫性的。

新时代

法国繁荣时期最麻烦的事就在于当代人对长期繁荣的确信。即使是深谙长期规律的法国经济学家们自己也都认为经济能以相同的速度增长下去。然而在历史上，法国的经济增长从未达到过光辉的30年的水平。如果不算上第一次世界大战后的痛苦时期，法国的经济增长如今看来是十分缓慢的——低于2%的年增长率。人们是如何相信法国能增长5%的呢？

富拉斯蒂埃意识到这一光辉的时期是注定要结束的。他解释道，国家是不可能以如此快的速度继续增长的，因为人们不可能不断消费生产出来的东西。此处富拉斯蒂埃重复说明了他在别处经常说的笑话：人的胃口是有物理极限的。恰恰相反，一切都表明着胃会随着吃得越多而变得越来越大。而富拉斯蒂埃提出的另一可持续发展的原因如今引起了强大的共鸣。无限的增长尤其是发展中国家的增长会给地球生态与稀有资源之间带来更多的冲突。他同样还预测到了油价的上涨，这与1972年罗马俱乐部[1]发布的报告《增长的极限》中的观点不谋而合。

然而，富拉斯蒂埃很少提及经济学家们对30年辉煌结束的现有解释，

---

〔1〕 1968年由100多名公司和政府领导人在罗马成立的罗马俱乐部，主张奉行人口零增长或负增长政策。

他只谈到30年增长的结束是法国追赶美国这一过程的结束。如今我们意识到了这一欢乐的30年标志着法国向美国靠拢。1945年,法国的人均收入仅仅比美国的1/3多一些。到了1975年,法国的生活水平已提高至美国的75%。这是真正的发展动力。法国每年以5%的速度在增长,通过30年的时间追赶上了美国。如果它能以10%的速度增长,那么只需花15年便能赶上了。法国经济的长时期发展是不可能预先判断到的,但是以模仿其他领导人政策为基础的经济发展是不能够永久地持续下去的。日本在20世纪90年代就经历了这样惨痛的教训。同样,中国与印度的高速发展也仅仅归功于其与发达国家之间的巨大差距。但是这样的发展随着领导人的趋同到最后也会失去动力。

一旦达到了知识领域的前沿,维持快速发展与追赶上拥有专业技术与组织技术的其他国家,这两者之间就大大不同了。在相同的战后时期,美国的经济增长与几年前的增长基本持平,平均每年只增长2.5%。如果想象着法国的经济可以其两倍的速度增长,那么这个想法就太天真了。然而,几乎每个法国人竟然都保持着这样的幻想。这就解释了为什么在很多年后法国才从那些令人沉醉的快速发展中成功地解脱出来,无论在经济上还是在政治上。

第九章 团结的结束

福利国家的世纪

1940年11月,温斯顿·丘吉尔委托贝弗里奇撰写了一份报告,该报告谈及如何应对20世纪30年代危机带来的后果及战后影响。《贝弗里奇报告》于1942年出版,报告中论述的原理如今仍被欧洲世界广泛应用,并指导着各国去战胜贝弗里奇所列举的五大社会罪恶,它们分别是:贫困、疾病、愚昧、肮脏以及懒惰。

凯恩斯让人们相信,只要拼命地消费,社会就不会贫穷。贝弗里奇的报告便是建立在社会支出应得到国家保障的前提之上。所以其报告标题为:《一个自由社会的充分就业》。

福利国家

从严格的意义上来说,福利国家并不是贝弗里奇所发明的。这一理念早在20世纪30年代就已出现。暂不细述其起源历史,我们可以先将这一理念归属于奥托·冯·俾斯麦。1883年,俾斯麦通过了第一部社会法,这一法律旨在帮助老百姓和低收入工人获得义务医疗保险。俾斯麦曾说过一句著名的话:"当人们意识到国家能更好地顾及他们的利益时,民主的先生们就可以放心地弹琴吹箫去了。"在第一次世界大战前,英国、法国、美国都通过了类似的社会法案。

在20世纪,国家扮演的角色日益重要,这也归功于两次世界大战带来的影响。公共支出的增长促使了国家征收史无前例的高税率,这一税率随后从未下降。当世界大战结束后,社会支出渐渐地并毫无疑问地替代了军事开销。

事实上公共支出的增长并没有遵照计划进行,一般是由政府强制执行。诚如法国经济学家罗伯特·汀·勒姆神甫和克里斯汀·安德烈在其有关法国福利国家的《政府与经济》一书中写道,社会渐渐地开始需要教育、医疗、养老机制,这一切往往都在政府的计划外。福利国家从一开始就处于危机之中。即使凯恩斯主义让人们在理性上接受了福利改革,但社会支出的增加还是首先用于应对民众的医疗保险与养老金需求,而非用于研究凯恩斯主义的实践方式。

没有什么比美国与欧洲在医疗领域的对比更能显示出社会需求的力量了。美国医疗支出主要通过私人保险公司来支付。这一支出占到了国内生产总值的15%之多,比欧洲高出50%。从总体来说,日益增长的社会支出并不能归咎于国家及其对支出的放任。它更多地显示出了国家如何满足民众的需求,如何保障养老金的来源,以及私人保险公司如何在国家义务缺失时代替国家满足了大众的需求。当社会开始变得富有时,对于医疗的需求便成为人们的自然需求之一。无论私人保险还是公共保险都不能解决一个核心问题,即对公共支出必须予以管控。许多诋毁福利国家机制的人常常忽略了一个矛盾的观点,即国家更像是一个警察而不是挥霍者。

尤其在医疗支出的情况下,这一观点十分清晰。1963年经济学家肯尼斯·阿罗将医疗开销的突出问题总结如下:医疗是罕见的经济商品,病人的需求完全取决于医疗提供方即医生的诊断。让·巴蒂斯特曾表明,这一服务着实让人们产生了需求,其中反常的原因便是人们自己都不知道自我的需求。任何怀疑过汽车修理工是否诚实的人都明白阿罗所说的意思。但你可以拿车来做交易,却不可拿自己的身体来开玩笑。很少有人敢和医生争辩诊断的正确性。美国计量经济学科曾量化研究了上述现象的重要性。一个地区每增加10%的医生,将会使这一地区的医疗支出增加5.5%。医疗服务自身就为其创造了需求。

医疗支出在何种程度上需要由保险公司支付(无论是公共保险还是私人保险)?谁会敢于为了赚钱而冒险死于阑尾炎?阿罗指出的这一反常机制已进一步被巩固了。不仅仅是人们不敢与医生争辩,而且保险公司覆盖的支付范围也不提倡这一行为。与美国相比,欧洲的医疗保险更能显示出平等主义,其开支也更小。医疗保险几乎覆盖了每个欧洲国家,而在奥巴马的卫生保健法案前,仍有4 700万美国人民生活在没有社会保障的处境里。理由很简单:美国确实在过度的医疗支出上扮演着管控者的角色,并且不对失控的开支负责。

世世代代的困境

20世纪80年代期间,人们逐渐清醒地认识到法国或其他任何欧洲国家都不再会持续战后的快速经济增长。随着经济增长放缓,公共财政的危机在许多国家趋于明显。渐渐地,就在国家内部团结变得十分重要的时候,这一战后成果逐渐消失。美国的中产阶级对救济穷人感到厌烦,米兰的意大利人厌倦了资助罗马穷人,比利时的佛兰德人也厌倦了救助瓦隆人。1984年贝隆的戏剧《如此温柔的谎言》便带领我们了解到这场危机的本质——经济增长减速是如何打击福利国家的。

这出戏剧讲述的是两位女性,一位母亲和她女儿的两个人生时期。在第一个时期,妈妈是一位年轻的离了婚的女人,而那时女儿还小。这一阶段里的所有对话都包含了同一个主题:女儿希望她的母亲在家照顾她,而不是晚上出去和男人约会。第二个时期是在25年之后(虽然在戏剧中我们无法迅速断定第二时期的发生时间),女儿全心全意地专注于她的先生、孩子,及其工作。母亲已经老了,但仍是孤身一人。这一阶段中出现的对话同样包含着一个简单的主题:母亲仍旧希望女儿和她待在一起,而不是抛弃她让她成为孤老。

这出戏剧的天才之处就是在于这两个阶段的反复切换。相同的对话也曾发生于25年前,只不过对象互换了而已。每一对母女在相同的时期都会需要相同的东西,即被对方关爱。如果她们处于同一年纪,那么问题会简单许多,这种相亲相爱会在当下变得更加强烈。曾有一位经济学家说过,两代人之间的感情困难就在于相互需求的不匹配。

贝隆的戏剧将这一矛盾表现得更为纠结,因为她还指出了一点,即母亲与女儿相互给予对方更多的时间是多么的简单。似乎这种相互的关爱不需要花多大力气就能摆脱年龄代沟的束缚。在相亲相爱的家庭里,对这些妇女们来说熟知家里发生的一切就已足够。只要父母们爱着自己的孩子,也爱着自己的父母,那么一代代人之间的维系就永远不会被打破。但是《如此温柔的谎言》中的女人却不是如此,她们相互斗争。母亲并不是那么爱自己的女儿,她一心只想着要结婚,因为她知道也害怕女儿总有一天会厌恶她并离她而去,过上自己的生活。孩子们通过家庭——这一持久的社会单元、这一与父母间的桥梁,将父母对他们的爱转移到自己的孩子身上,再向父母传递自己的爱,如此反复交替。当没有了这种世代间的束缚时,人们肯定会相亲相爱,但贝隆笔下戏剧化的世代矛盾却让亲情永远逃离不了当下的束缚。

用经济学那冷冰冰的话来说,母亲和女儿之间是受制于"低效的"情感交流。她们两人都不幸福,她们本可以对另一方更好一些。保罗·萨缪尔森与莫里斯·阿莱曾发明了一个模型,这一模型在现代经济研究中发挥着主要作用,同时也完美地诠释了这一出戏剧中的道理。

为了更好地了解此处戏剧中的逻辑,让我们先回到《鲁滨逊漂流记》的故事中去。独自在荒岛上生存,鲁滨逊深知当他变老的时候便再也没有能力捕到更多的鱼了。为了为老年生活做准备,他可以制造很多的钓鱼竿,但他也无法知道确切的数量。日夜的疲劳不堪,他会死得很快,因为他不再像年轻时能捕到很多鱼了。假设平均每25年就有一位新的"鲁滨逊"登岛,新的"鲁滨逊"对岛上的"鲁滨逊们"一概不知,每个人都过着独居的生活。当年轻的"鲁滨逊"见到年老的鲁滨逊不能自给自足时,他可以出于人性的慷慨而帮助鲁滨逊。但就像贝隆戏剧中的女人一样,他的慷慨是有限度的。他也得想想自己,为自己的老年生活做打算。

让我们再假设岛上有一条规矩,即新"鲁滨逊"必须给予年老的鲁滨逊10%的个人收入。而国家提出的缴税便能够让他们完成这一世代间的交换。所有的"鲁滨逊们",无论是年轻的还是年老的都会从这一交换中获益。在一个充满着世代间亲情的家庭中,每个人都会给予长辈们他们从下一代得到的爱。

这就完全像养老金分配机制一样。那些不再工作的人们会得到工作者的资金援助。如果在一个高增长的社会中,人们变得越来越富有,那么对新一代人来说以现有收入的10%来交换下一代人收入的10%无疑是更有利的。这一"按期从薪金中扣缴所得税"的养老金分配机制在光辉的30年中获得了全民公决的一致同意。经济发展越迅速,人们就越倾向于将劳动果实转让给国家。

公共财政的(新)危机

渐渐地,一种奇怪的矛盾观点产生了。强劲的增长让人们相信世世代代都会持续着福利机制的这一可能性。福利国家创造了财政上的统一,这种统一逐步代替了家庭。于是,当父母在经济上需要自给自足时我们就可以不那么担心。唉!但是当经济增长放缓的时候,福利国家带来的统一效应又被削弱了。于是,人们失去了一切。家庭的团结统一被瓦解,福利国家也变成了财政的负担。

这不仅仅是一个关于晚年养老保险的例子,这一推理更让我们对20世纪70年代发生的公共财政危机有了更深刻的理解。与凯恩斯继承人的理论不同,如今看来,是经济的强劲增长带动了公共支出增加,而并不是公共支出促使了经济增长。没有了迅速的增长,福利国家就必须学会如何管理好每一分钱。政府必须对各种需求进行决策，例如医疗、教育、军队、养老金等。当经济放缓时，增加税收与社会保险就更难了。过去的快乐生活让政府相信了一代代之间永久团结的可能性，自此之后渐渐地，政府才痛苦地意识到国家面临着财政限制这一事实。

不可能追求到的幸福

在经历了光辉的 30 年后，法国社会中的绝望气氛却揭示了现代社会的一大基本特征：对经济增长的沉迷。这比起公共开支的增长有过之而无不及，因为它关系着个人的幸福。法国在 1975 年较 1945 年更富有，但是法国人民却没有变得更幸福。他们为什么会有这种遗憾呢？答案很简单：现代社会人们的幸福不和财富标准成正比，却还要依靠经济增长，而经济增长也不知何时会停止。

1974 年，经济学家理查德·伊斯特林公布了一项研究，可谓一石激起千层浪，引起了经济学家们的广泛注意。30 年里，它向人们提出了一个问题："你幸福吗？"伊斯特林经过研究发现，在此期间，经济上的富足并没有给人们带来任何改变。我们该如何看待这一矛盾的现象呢？

让我们先来解决一个基本问题——幸福是什么？1960 年，受访人群中，65% 的美国人提到了财政问题，48% 提到了健康，47% 提到了家庭。而 30 年后，这些数字几乎都改变了。过上富裕的生活成为 75% 受访者的心声。50% 的美国人都提到了成功的家庭。健康倒是小失阵营，只有 1/3 的人提到它。战争与和平、自由、平等都分别在受访者的回应中占了不到 10%。而这些数字在每一个国家都出奇地相似。拿 1960 年的古巴举例，受访者的回应中金钱占 73%，家庭占 53%，健康占 47%；而在同一时期的南斯拉夫，金钱占 83%，家庭占 60%，健康占 40%。

如果财富是幸福的一大重要因素，那么为什么当一个社会越来越富有的时候，人们却不能更幸福呢？

最简单的解释就是，消费就像是一颗毒药。尽管 10 年前人们没有意识

第九章
团结的结束

到商品的存在,但如今人们的生活已离不开商品了。手机、网络一经人们发现便成为必不可少的物品。消费使人们产生了依赖。快乐的东西总是短暂的,一旦人被剥夺了快乐,那么就会陷入可怕的绝望。大量的近期研究证实了上述感觉。丹尼尔·卡尼曼、阿莫斯·特沃斯基以及安德鲁·克拉克的著作都表明了收入增长会让人类变得更幸福,但是这种由高收入带来的快乐和满足转瞬即逝。根据他们的研究,在收入增长的两年内,人们的幸福感就会下降60%。对于研究中投票者的行为分析结果更令人吃惊。投票者们似乎只能记得过去6个月中的经济状况。上述解释也并不能完全彻底地回答这一问题。在一个特定社会中,富有的人肯定是更幸福的。如果对于财富的不懈追求是这一现象的唯一原因,那么财富就像贫穷一样令人乏味。但是,90%的最富有者均表示,他们"非常"或"颇为"幸福,而只有65%的最贫困者认为自己很幸福。这一结论在许多研究中均被证实。大多数在经济上宽松的人都很幸福。如果把这一切都归于对财富的痴迷追求,那么这显然是不对的。

对上述结论的解释并不令人惊奇,反而它关系着一个既简单又永恒的现象,那就是妒忌。人就喜欢比其他人过得好。诚如马克思观察到的那样:"房子可大可小,但只要邻居的房子也很小,那么社会对住宿的需求也就满足了。但一旦小屋边上建起了宫殿,那么小屋看上去就更像是缩小的棚屋了,它的主人也会因此显得毫无社会地位可言。"每个人都想要比自己的同事或朋友(那些"参照群体中的人")出色。一些实验性研究通过游戏发现,人们愿意牺牲一部分自我利益来换取游戏中其他人收益的减少。克拉克的研究也表明,有时候工作满意度与配偶收入之间的关系甚至呈负相关。

最近,伊斯特林还为我们提供了另一种解释,补充了上述提到的原因。对他来说,一切事物都始于学校。不论何种出身的年轻人,他们都会抱着和同龄人相同的抱负走进成年时代。当有人问他们"你们最想要的商品是什么"时,他们会不约而同地回答道:"汽车、房子、花园、高清电视等。"可见,年轻人的抱负与父母的收入水平之间毫无关联。但当他们进入了成年生活,无论是富人还是穷人都会根据面对的实际情况来定制期望。随着时间的推移，一个人的雄心壮志或是毫不进取的心态就会跟随他的社会地位停滞不前。但是由于富人们完成了他们的童年梦想，而穷人们却没有，于是富人们变得更幸福。

此处还应提到一点，可能这一点显得有些愤世嫉俗。尽管根据伊斯特林的解释，富人孩子的幸福程度与其和穷人孩子相处时间的多少成正比，大人们最好尽可能地让他们长时间待在一起；但是让有钱人家的孩子在"贫民区"里长大会剥夺他们实现理想的快乐。他们的世界也会因此与穷孩子们一样变得悲哀。

从整体来说，不管是出于妒忌还是梦想，每个人都会根据周围的参照群来仿制自己的期望。也许在人生的初期，这一参照群会很大，可能包括表兄弟，或者同一学校同一班级的同学，但是随着时间的推移，参照群通常会缩至几个拥有同样社会命运的亲密友人。当朋友间的职业生涯开始不同时，他们之间就很难再分享各自的活动。试想一个富人与一个穷人之间还能分享什么度假经历和餐厅美食呢？物质生活的不同切断了人们之间的感情生活。

然而当人们评价这些研究发现时，他们可以总结出一个又简单又直接的结论：经济增长给每个人都带来了希望，也许会很短暂，但这希望却包括了走出困境、超越他人、实现期望等。正是个人情况的改善让这个社会变得更幸福。现代社会对经济增长的渴望超过了对于财富的追求。所以，人们最好生活在一个逐渐致富的贫穷国家，也不要生活在一个萧条败落的富裕国家。因为面对着全新的一切，所以法国经历了光辉的 30 年。但是人类的幸福仍然是白纸一张，有待人们去探寻。如同在任何时间都会发生的经济增长一样，一旦经济放缓，社会就会不可避免地迎来矛盾问题。

厄庇米修斯[1]

看过亚当·斯密《道德情操论》的经济学家们绝对不会对一件事感到惊

---

〔1〕 伊阿珀托斯之子，普罗米修斯之弟，不听其兄规劝，和宙斯派来的潘多拉结婚，结果给人类带来灾难。

第九章
团结的结束

讶,那就是人类之间永无停歇的互相对比。在这本书中,我们得到了一个结论,即人类的欲望总是"能够被察觉到、照顾到、注意到,并得到同情与赞同……恰恰是虚荣,而不是安逸、快乐,使我们感兴趣。"对于希腊神话专家来说,这同样不是件令人惊奇的事。这一永不满足的贪婪是上帝加之于人类身上的惩罚,以平衡普罗米修斯从上帝那儿偷走的权力。让·皮埃尔·韦尔南曾在《宇宙、神与人类》一书中提到:"在(普罗米修斯)出现之前,(人类)就像是生活在洞穴里的蚂蚁……随后归功于普罗米修斯,人类成为文明的生物,区别于野兽与神灵。宙斯阻止人们使用火,是普罗米修斯为人类偷来了火种。"为了报仇,宙斯给人类构建了一个致命陷阱——潘多拉。

潘多拉拥有着女神般无与伦比的美丽,她有着神圣的外表……像阿佛洛狄特[1]般容光焕发,像夜神之子,充满谎言与风情……普罗米修斯预见了他将会被再次打败。他随即立刻意识到了是什么引诱着他曾帮助过的可怜人类。就像普罗米修斯名字中的"普罗(Pro)"意味着"先知先觉",他能事先预见事情的发展,而他的弟弟厄庇米修斯却是那个只有事后才知道的人。而厄庇(Epi)意为"后知后觉",厄庇米修斯总是做事一时冲动,然后后悔改变主意,而看不见事情未来的方向。

于是,现代社会的悲剧拉开了序幕。普罗米修斯曾预见了事件的发生,并警告他的弟弟道:"听好,厄庇米修斯,如果上帝送给你一个礼物,你可绝对不能接受它,你得立即把它还到原来的地方。"于是,厄庇米修斯发誓他绝对不会当傻瓜。但随即,上帝便送给了他世界上最可爱的人。潘多拉就像是上帝给人类的礼物,站在厄庇米修斯面前。她敲开了厄庇米修斯的门,厄庇米修斯在见到她后既困惑又着迷,最终还是带她进了门。第二天他便与潘多拉结婚了。潘多拉成为人类的妻子。于是,一系列的灾难也随之而来。潘多拉总是不满足、予取予求、自我放纵。她对现实从不满意,她需要的是得到各种欲望的满足。

正如我们所看到,希腊人将自我的丑恶归结为他们妻子的罪过。韦尔

---

[1] 专司爱与美的女古希腊女神。

南对这一神话的点评就是:"女人是一种两面性的生物。她就像是肚子,吞噬了丈夫努力、辛苦、劳累挣来的一切。但也正是这个肚子,它延续了人类的生命,它孕育出了孩子。"

与众不同的是,在人类克服了这一神话带来的厌女症后,关于人类勇于冒险的惊天形象被流传下来。虽然现代神话已将普罗米修斯从悬崖的铁链中解放出来,但正是在厄庇米修斯的误打误撞中,人类开始了平凡的生活。生育与贪婪之间无时无刻不存在着紧张的关系,不仅如此,人类也总是无法预见这一冲突关系最终导向的方向。文明的弱点就在于此,它根据对自身利益的计算来确定方向。西方社会永远都不能及时了解其经济增长的奥秘,或是三十年代的大萧条以及战后繁荣的原因。就像对待马尔萨斯原理一样,西方世界也总是在把这些原理变成形同虚设的理论之后才能深刻体会到其中的奥秘。西方社会的行动是置前的,但却直到后来,它才理解到所有行为所带来的连锁反应。

第十章　战争与和平

康德拉季耶夫周期

人类的幸福取决于期望与现实之间的差距。如果我们转换角度从地缘政治秩序来看,这一现象引发了一个问题——是穷困、无聊,还是危机、繁荣促成了战争? 20 世纪的两次世界大战倒是提供了不同的答案。

第一次世界大战发生在繁荣时期,而第二次世界大战却是在 1929 年的大萧条后引起的。每一次战争都显示出了战争开始的一个方面。为了了解这一问题的本质,让我们从俄罗斯经济学家尼古拉斯·康德拉季耶夫提出的周期表看起,康德拉季耶夫早在 60 年前就极富远见地提出了这一奇思妙想的理论。斯大林曾在 20 世纪 20 年代末将康德拉季耶夫驱逐出境,因为其理论与马克思关于资本主义会逐渐消亡的理论相矛盾。所以,康德拉季耶夫的周期表在第一次世界大战后才被进一步解读。人们总是难以抗拒对数列及其推算的喜爱。

康德拉季耶夫观察到,经济活动似乎有着一个长达 50 年的周期,平均每 25 年的经济增长就会伴有 25 年的经济危机,如此循环往复。他揭示了工业革命与 18 世纪末之间的三大经济周期。通过简化复杂的数字,我们得到了如下周期表:

1789~1823 年增长;1824~1848 年危机,第一大周期结束。

1849~1873 年增长;1874~1898 年危机,第二大周期结束。

1899~1923 年增长;1924~1948 年危机,第三大周期结束。

让我们继续演算康德拉季耶夫的周期表:

1949~1973 年增长;1974~1998 年危机,第四大周期结束。

1999~2023 年增长;2024~2048 年危机,第五大周期结束。

根据上述经济周期表,我们已经进入第五大周期,1998~2023 年理应是经济的增长阶段,但次贷危机的发生却偏离了应有的轨道。

当今的经济学家们很少同意康德拉季耶夫的周期表。该表可能在一个特定国家行得通,但不是全部国家,并且 25 年一变的规律也很难通过科学假设来验证。然而,无论这一经济长波理念引起了多大的知识风暴,它十分吸引人。尽管康德拉季耶夫的预估是:1929 年的危机在 1923 年的增长后到来,并且如今的经济危机从 1998 年后便会渐渐好转,这一理论还是毋庸置疑地验证了经济的变化周期。没有任何一个社会可以永续增长。经济活动的高低起伏让人们明白了经济周期与政治军事周期间难得的相关性。

康德拉季耶夫自己也提到了某些巧合。他观察到,经济扩张阶段战争发生的频率更高,反之,经济衰退期更有利于和平。当经济增长战胜经济危机时,社会便处于经济转型期,并发生了诸多变革。在第二次世界大战后,加斯顿·安贝尔这一康德拉季耶夫理论的忠实读者创建了经济周期与政治和社会进程之间的关系,这一关系证明了我们所观察到的一切。让我们用他的理论来诉说从美国独立战争到第一次世界大战之间的故事。

19 世纪初期是第一大周期的顶峰时期,欧洲经历了忙乱的拿破仑战役。滑铁卢之战的失败标志着社会转型的开始。由梅特涅[1]精心安排的

---

[1] 前奥地利首相,为处理拿破仑战争,于 1814~1815 年在维也纳揭开和平会议之幕。

第十章
战争与和平

维也纳会议重拾了欧洲的和平，但也导致了政治上的反动情绪，这体现在由查理十世的统治中。欧洲经济进入了一个充满通货紧缩与价格走低的长期阶段。通货紧缩让历史的天平导向了债权人与食利者，而那些负债者（包括国家）都受到了灾难。这些负债政府的唯一出路似乎就是偿还拿破仑战争中他们签订的一切债务。直到19世纪中期，经济预算与政治上的保守主义才开始盛行，互相巩固。这又不谋而合地带来了国家之间的和平。

而到了1848年，经济发展的趋势是相反的，经济变化周期改变了经济发展节奏。法国的路易·菲力浦国王被罢黜，而梅特涅也逃离了奥地利。在美国加州和澳大利亚，人们发现了黄金，于是价格呈上扬趋势。通货膨胀给投资者以及那些负债者带来了好处。与此同时，政治基调也随之改变了。1848~1873年，马克思主义出现了，人们也再次发现了法国大革命的意义。社会开始变得焦虑起来，人们也试图摆脱由维也纳会议推举的正统守护者。在政治上，新的一代人到1810年只有10岁，但他们对武装冲突并无反感。战争一个接着一个轮番交替，如克里米亚战争[1]、意大利战争[2]、美国南北战争、普鲁士和丹麦之间的战争、奥地利与法国之间的战争、奥地利与意大利之间的战争，最终是普鲁士和法国在1870年的战争。

历史本身也呈钟摆式运动。康德拉季耶夫周期从1873年开始进入经济下行阶段，这一危机持续了25年，于是1873~1897年被历史学家们称作"大萧条时期"。除此之外，社会的价值体系也发生了转向。和平的微风吹遍了欧洲，那些骤然发生的罕见战争也止于爆发的边缘。危机让那些小储户们重拾了保守主义道德观。用加斯顿·安贝尔的话来说，"经济低谷期，也是政治与社会平静期，它倒是让我们见到了不可思议的和平。经济的衰退与收入的下降着实净化了人们的行为方式，你看，离婚率变低了，新生儿的数量多了，弃婴少了，堕胎现象也少了。随着价格的下降，犯罪率降低，社会机体变得更为冷静。"

---

[1] 1853~1856年俄国与英国、法国、土耳其、撒丁王国之间的战争。
[2] 1494~1559年西班牙与法国之间为争夺亚平宁半岛的战争。

当康德拉季耶夫周期中的新一周期到来，一切又都变了样。1898年的法国，十字军作家埃米尔·左拉与总统克莱蒙梭掀起了德雷福斯事件[1]，向法治与军事体系发起了挑战。又如，人们在美国阿拉斯加州以及南非都发现了黄金。蒸汽机与火车铁路被汽车与电路所替代。历史的旋转木马继续着自我遗忘的回旋。人们为经济增长高歌，随后又投入到战争中去，如中日甲午战争[2]、美西战争[3]、布尔战争[4]、希土战争[5]、日俄战争[6]、意土战争[7]、巴尔干战争[8]，以及第一次世界大战[9]（这是拿破仑战争[10]遗留下的后果，发生于经济增长的鼎盛时期）。

这些狂热的战争也给我们带来了教训，即经济周期与军事周期是紧密相联的。包括第一次世界大战在内的国家冲突都发生在康德拉季耶夫周期中的高增长时期。反之亦然，在危机时期，所有国家都紧缩度日。战争与繁荣之间的关系究竟是源于何处？第二次世界大战的爆发又是如何打破这一关系的呢？

---

[1] 1894年法国陆军参谋部犹太籍的上尉军官德雷福斯被诬陷犯有叛国罪，被革职并处终身流放，法国右翼势力乘机掀起反犹浪潮。此后不久真相大白，但法国政府却坚持不愿承认错误，直至1906年德雷福斯才被判无罪。

[2] 略早于1895年发生，是日本侵略中国和朝鲜的战争。

[3] 1898年，美国为夺取西班牙属地古巴、波多黎各和菲律宾而发动的战争。

[4] 1899年，英国人和布尔人之间为了争夺南非殖民地而展开的战争。

[5] 1897年希腊与土耳其（奥斯曼帝国）之间为争夺克里特岛而发生的战争，又称为三十天战争。

[6] 1903~1904年，日本与沙皇俄国为了侵占中国东北和朝鲜，在中国东北的土地上进行了一场帝国主义战争。

[7] 1911年，意大利为夺取奥斯曼帝国的北非省份——的黎波里塔尼亚和昔兰尼加（今利比亚）而发动的一场侵略战争。

[8] 1912年，巴尔干同盟（保加利亚、塞尔维亚、希腊和黑山）为争夺奥斯曼帝国在巴尔干半岛的属地而发生的战争。

[9] 1914年8月至1918年11月，以德国为首的同盟国和以英法为首的协约国之间的战争。

[10] 1803~1815年，法国资产阶级为了在欧洲建立法国的政治和经济霸权，同英国争夺贸易和殖民地的领先地位，以及兼并新的领土而进行的战争。

经济与政治

　　一份凯恩斯主义经济分析的研究表明，军费开支为商业创造了新的网点。战争推进了经济的增长，而和平却促使了萧条的产生，剥夺了经济体的武器开销并减缓了发展速度。美国第一位凯恩斯主义者阿尔文·汉森就曾提及这一现象，并从中得出了一个实用的建议，即完全消除经济周期以避免第二阶段经济周期。在第二周期内，国家会力图偿还战争贷款并减少开支。

　　然而，这一解读是不完全的，因为它只提到了战争带动了增长，而没有提到增长推动了战争。加斯顿·安贝尔曾表明，战争通常始于经济增长末期，而非初期。根据一位同样观察到该现象的英国作者的论述，"战争的火花一般出现在经济扩张期的第二阶段。"可见，正是经济增长推动了战争。

　　许多理论都帮助我们深入了解这一关系。帝国主义理论就是其一。哲学家汉娜·阿伦特[1]曾借由列宁的理念表述道："当资产阶级逐渐掌控了国家事务后，他们推动战争，以维持原材料的供给并寻找到新的殖民地市场。"然而，熊彼特则强调，国家发动战争的缘由并不是资产阶级，即使这符合了资产阶级为了增加商业储备的自身利益。恰恰相反，是政府为了自身的利益，为了权力的争夺而发动了战争。战争的动机与经济状况相挂钩，例如经济衰退期的战争动机较少，而经济扩张期的战争动机则较多。事实上，经济衰退期间，国家更急于保护市场。经济战争，例如保护主义措施等通常出现于衰退时期。

　　另一大理论更好地诠释了经济增长如何推动了国家间的战争。保罗·肯尼迪在其《大国的兴衰》一书中论证了该理论。肯尼迪认为，是经济财富让军事力量得以释放。根据其关于帝国过度扩张的理论，大国会尽其所有的财富来捍卫其在国际上的地位。这一理论与欧洲国家的财政历史相符

---

　　[1] 1906年10月14日至1975年12月4日，原籍德国，20世纪最伟大、最具原创性的思想家、政治理论家之一。

合，说明了欧洲国家如何被战争的代价逼到濒临破碎的边缘，也显示出了欧洲国家如何一次次地被新的军事技术所击垮。列宁曾指出，回顾19世纪，是资产阶级的力量推动了国家去保护自己的经济市场。肯尼迪也发现，国家机构渴望权力，并利用其资产阶级的力量去完成国家的计划。

在这一推理下，经济增长的作用变得很清晰了。是经济增长释放了国家的预算压力，并让国家有能力实现自我的抱负。国际贸易之于战争的效应可以借由相同的理论来解释。某种程度上，贸易能够促使一个国家与另一国家进入潜在的战争，以扩充其供给资源。可见，贸易可能促发新的战争。这就是菲利佩·马丁、蒂里·迈耶、马赛厄斯·汤尼格研究的主要结论，该结论与孟德斯鸠300年前的积极观点截然相反。

个人的幸福与公众的幸福

熊彼特曾批评了列宁关于资本主义推动了欧洲战争这一观点。熊彼特认为，殖民目标以及通常所说的好战倾向绝不是资本主义体制带来的必然结果。与之相反，这些现象是由于欧洲大国的统治阶级脑海中留存了根深蒂固的前资本主义观念。熊彼特说道："资本主义本身能够引发战争，这一点令人难以置信，因为说起资本主义人们想到的更多是'理性与计算'。"

战争是源于不同思想类型之间的冲突，这一观点非常具有启发意义。但是熊彼特似乎忽视了一点，即这些思想类型常常在同一人身上矛盾性地共同存在。经济人假设[1]中提到，人是冷静且具有理性的，没有任何冲动，但这一假设从未被亚当·斯密所赞同。在《欲望与利益》一书的结尾，阿尔博特·赫思曼曾用雷斯红衣主教让·弗朗西斯·保罗的话来讽刺其对手熊彼特："一个真正敏锐的政治家是不会完全否定从激情中产生的猜想的，因为激情有时才是推动国家前进的动力。"

赫希曼在另一本书中的理论可以帮助我们了解个人是如何改变自身的

---

[1]"经济人"即具有理性前提的，是在政治、经济、文化及法律道德约束下的人。西方古典经济学中的"经济人"假设，认为人具有完全的理性，可以做出让自己利益最大化的选择。

价值体系以顺应经济形势的。赫希曼的理论与爱因斯坦关于幸福的理论遥相呼应。按照赫希曼所说，一个人会消费两种商品：常用的私人商品（包括住房、衣服、食物、休闲）以及那些与他人共享的公共商品。后一种商品都是大型的集体项目，例如反贫困项目、太空探索、战争等。用赫希曼或者爱因斯坦的话来说，并不是人类富裕的程度决定着人们是喜爱私人商品还是公共商品，相反，是个人期望与现实之间的差距促使了这一决定。可支配收入减少1/3会让人们变得不幸福。同样，意料之外的收入增长1/3会让人们感到奇迹般的幸福（这些数字来源于阿尔弗雷德·索维的研究）。但当财富减少至低于人们的期望时，人们便会有挫折感，并认为自己很贫穷，最终变成了利己主义者。相反，只要财富超越了人们的期望，那么人们便会乐于分享他们收入囊中的财富剩余。公共商品于是变得更吸引人了。

因此，人们在经济增长时期想要拥有集体幸福感。在这一时期，私人商品消费充足，并且人们能够获得暂时的个人幸福感。相反，当经济扩张疲软、商品消费变少，集体幸福感就会变成昂贵的奢侈品。人们开始吹嘘自己个人的价值，以及家庭生活带来的平淡幸福。于是便产生了两大时期：20世纪60年代的"富裕时期〔1〕"与20世纪80年代的"贫困时期"。前者推崇了集体幸福感，而后者以个人幸福感为美。

在经济强劲增长时期，集体的劳作会带来"社会剩余"，但从每一个国家的政治历史来看，他们都仍然不确定会使用这一剩余。德国凯撒大帝用社会剩余来打造与英国人抗衡的海军；前美国总统肯尼迪与约翰逊曾将它用于越南战争以及登月竞赛，以超越苏联，还将其用于有关社会与公民权利的"新边疆"政策。

在经济转型期，社会则产生了截然相反的反应。当一个社会的经济增长低于预期乃至发展为大萧条，这个社会并不一定会贫穷，但是其社会剩余会消失，并且社会风气会变得利己主义。矛盾的是，在这个经济不景气并且最需要团结的时候，社会却变得难以维系。光辉的30年后，经济增长的放

---

〔1〕 特指里根总统当政时期美国的富裕年代。

缓完美地诠释了这一点。虽然社会比 30 年前富裕得多,但是宗教之间、世代之间的团结关系似乎更难维持了。

于是,工业化社会的本质性脆弱在经济的大起大落之间表现得一览无遗。是经济增长为国家实现旧时期地缘政治的野心提供了财力。相比之下,社会又由于危机的到来变得脆弱。当经济情况开始恶化,人们想从过去增长时期累积的财富中去寻求经济上的、道德上的支持似乎是不可能了。社会变得分崩离析,并且每一种情况都可能发生。社会学家厄内斯特·盖尔纳完美地总结了这一现象:"一个可持续发展的(社会)会通过金钱等物质条件来(摆脱)社会性攻击。其最大的弱点就是无法承受住任何社会贿赂金的减少,并且当象征富饶的羊角被暂时压碎以及经济变得软弱无力时,社会将经受不住合法性的丧失。"

第二次世界大战虽不是典型的例子,但它还是证明了这一现象的发生。很明显地,当希特勒上台掌权时,无论是英国还是法国都已在经济危机中变得脆弱。正如他们在慕尼黑表示的那样,他们不想要战争,他们愿意付出任何代价来阻止战争的发生。经济危机浇灭了他们对于战争的渴望。和平与衰退理应同时出现,但是希特勒率先理解到了这一悲剧的困境,并给德国的国内问题带来了外部解决办法。

显然,第二次世界大战超越了所有理论的呆板解读。我们不可能从单纯的客观原因中推断出德国的道德崩溃,这些客观原因包括《凡尔赛和约》的负面作用,以及 1929 年的经济大萧条等。资本主义远非"理性与计算"。诚如德国哲学家恩斯特·卡西尔在 1945 年 4 月所说的那样,"在社会生活的所有重要时刻,理性的力量站在旧时期神话观念的对立面,已经无法再确信自己了。"(神话)经得住时间的考验,并等待着机会。只要社会生活的凝聚力因为种种原因丧失了力量并且无法抵抗恶魔力量时,神话时代便会到来。这一观点作为历史最终的墓志铭,显现了 21 世纪到来前世界的悲惨现状。

第三篇　全球化的时代

第十一章　中国与印度的回归

巨大的分流

21世纪的历史继续前进。在毛泽东去世后,在柏林墙被推倒后,一种全新的名为全球化的进程重新开启了人类历史。全球化的创始可以被归结为印度与中国的回归,即这两个国家重新回到了世界的游戏中。尽管这一观点在数年前就被人们所熟知,但这两个国家的文化特点并没有成为市场经济统治中不可抵抗的阻力。为了了解这一转折点的更多内容,在我们进一步探讨它们是如何重返世界资本舞台之前,让我们先回到一个问题——是什么原因导致了这两大文明在先前的三个多世纪里被欧洲文明排除在外?

东方与西方

黑格尔与马克思向全世界传递了一个观念,即亚洲国家都生活在"东方君主的铁腕专制"中。据说,是帝王们的无所不能阻碍了亚洲朝向西方现代化的革命进程。这一进程推崇个人主观能动的理念,并拥有极具代表性的政治体制。这些理念部分被马克斯·韦伯运用,他将西方世界的变革定性为经济世界与社会生活的"理性化"。这一变革将公共空间与私人空间分割开来,并带来了法治与彻底的官僚主义。韦伯对中国和印度的商业活动都有一定了解,但他同时争辩道,只有西方世界学会了理性地掌握商业关系,诚如复式记账法的发明就是一个很好的例子。

然而,亚洲人口的高密度也说明了亚洲完全不用嫉妒欧洲。根据马尔萨斯理论推理,一个社会的人口密度越高,就表明这个社会已经学会了如何解决农业问题,因为这一问题常常阻碍了人口扩张。从工业角度来看,印度的棉纺织厂以及中国的丝绸和陶瓷工厂都证明了亚洲曾是生产制造业的大师,远超英国。在很长一段时间里,商人们远渡印度洋以对抗来自东印度公司的竞争。经济史学家肯尼·彭慕兰曾在其《大分流:欧洲、中国及现代世界经济的发展》一书中强调:亚洲地区曾是自由主义的天堂,它拥有着印度的加尔各答、马来西亚的马六甲等港口,这些港口可要比其他欧洲港口自由得多。印度的莫卧儿王朝[1]与中国的清王朝[2]都不是西方世界想象中的那样停滞不前。相反,他们是复杂的多民族帝国,远比奥地利的哈布斯堡王朝[3]要复杂得多。

这两大文明都曾长期拥有着欧洲文明无法匹敌的深度与财富。在公元1000年,印度与中国代表了世界上一半多的财富与人口,而欧洲仅占到各项的10%。中国几乎在任何领域都领先于欧洲。中国早已掌握了铁犁与弓弩的使用,并且熟知了漆器、风筝(包括人用飞行风筝)、指南针、造纸术、炼钢、石油与天然气燃料、马具、独轮车,以及沟渠的使用。炼金术的研究让中国人发明出了火药,对磁场学的着迷还让中国人发明出了指南针,这一发明让他们能够大胆航行,就如郑和在15世纪初下西洋来到非洲一样。

---

[1] 1526~1858年统治南亚次大陆绝大部分地区的伊斯兰教封建王朝,又名蒙兀儿王朝、莫卧儿帝国。

[2] 1616~1912年由中国少数民族满族建立的统一政权。

[3] 欧洲历史上统治领域最广的王室。

在李约瑟的巨作《中国科学技术史》第七章中，他提出了一个关键问题——为什么伽利略与牛顿的现代科学起源于欧洲而不是中国呢？是什么在背后隐藏着并阻碍了现代科学在中国的发展进程呢？中国人发明出了水力钟却没有进一步开发出机械钟。他们并不是对机械钟缺乏兴趣，因为当欧洲使臣拿它当作礼物献给中国时，他们表现出极大的兴趣。中国人的火药发明并不是用于军事目的而是用于烟火观赏。在中国的诸多发明后，火药才在欧洲变得盛行。为了让炮弹对目标者而不是发动者更有杀伤力，欧洲对火药进行了多次改造。

为何中国人最终没能像欧洲一样经历了成功的发展历程？从什么时候开始欧洲发展的初始条件如此之好呢？下面，我们将提供一些可能的解答。

市场与国家的模糊角色

为了解释英国在17世纪后经济上的成功，道格拉斯·诺斯与其他经济学家都强调了英国经济体制的特性——对私有产权的尊重、国家财政的高偿付能力、有效的市场等。然而，从彭慕兰论述的迹象中人们可以得出一点，即这些经济体制特性也同样出现于18世纪的中国。国家的发展和市场的发展都无法解释中国发展落后的原因。

让我们从一个经常被争辩的理念说起。这一理念指的是在亚洲地区与伊斯兰世界，国家权力太过强大以至于让富商们觉得不够真正安全。事实上，从现有的数据来看，我们并不能确定一点，即在亚洲地区，对商人的征税要比在欧洲更为常见。在欧洲历史上，皇家一直以来的传统就是赖账。在中国，国家对人民财产的借用实际是非常少的。出于较小的金钱需求，中国就可以没有顾忌地给予商人们在食盐、烟酒领域的垄断权。欧洲也是如此。

亚洲的倒退并不与其土地所有权和世人诟病的高强度工作相关。土地所有权在中国和欧洲都可以被销售。一些土地，尤其是北方的土地在理论上是属于国家的，并以世袭制的形式租赁出去。但是这些土地仅代表了土地总数的3%，事实上它们被认作为持有地契者的土地。

同样的情况也在劳动力市场出现。在中国，农奴属于地主，这一奴役型劳动制度很快地失去了市场。差不多在相同时间,西欧国家也淘汰了奴役制度。世袭制度让儿子可以获得父亲拥有的财产,而这种制度在15世纪开始瓦解。清朝在1695年就正式废除了世袭制。在明和清的朝代交替间,大约是在1620年,大部分劳动者仍然是农奴,最终由于战争、混乱以及之后的劳动力短缺,他们得以解放。事实上,相较于欧洲农民,中国农民在从耕地者向工匠转变的过程中遇到的阻碍较少。在纺织领域,中国企业十分薄弱。清朝政府就强烈鼓励农村妇女参与到工业生产中去。而在法国,直到法国大革命的出现,企业的力量才被释放。

即便是在"消费社会"领域,欧洲也并没有走在中国的前面。1400～1800年,欧洲与中国都经历了相似的奢侈革命,各种铺张行为彰显并提高了个人地位。明朝[1]期间,中国富豪家中布满了字画以及珍贵的家具。个人的社会地位可以通过购买精致的消费品来获得,而不是凭借血统关系,又或者是购买普及的美食书来获得。这一点在中国和欧洲都一样。该时期出版的一些"长物志[2]"便帮助贵族了解最新的时尚潮流,并教会了贵族如何将自己与粗暴的暴发户区分开来。

历史与地理

在14世纪,中国经历了一次工业革命。该革命与英国在400年后掀起的工业革命十分相似。归功于越南稻米的种植,农业革命带来了城市化的快速进程。纺织业与钢铁制造业得以发展。中国曾站在了工业革命的门口。在很长一段时间里,中国人了解大气压力的原理。所以从严格的技术角度来说,他们完全有能力发明出蒸汽机。那么为什么事实上却没有呢?

根据彭慕兰的话来说,地理原因是一大主因。中国北部与西北部过去与现在都拥有着大量的煤炭储备。中国人掌握了煤炭转变成焦炭的技术。早在1 000年前,中国就为了冶金的目的而生产煤炭,而欧洲却是在1 700

---

[1] 1368～1644年,是中国历史上最后一个由汉族建立的封建王朝。
[2] 晚明文房清居生活方式的完整总结,集中体现了那个时代士大夫的审美趣味,堪称晚明士大夫生活的"百科全书"。

年前。但是14世纪初发生的蒙古入侵却推翻了整个王朝。当中国在1420年重拾了一些稳定后，国家的人口与经济中心已经转移到南方。煤炭提炼在北方重新兴起，但它却再也不是国家创新领域的活跃前沿了。南方的煤炭潜在用户与北方的煤炭生产者互不干涉。

戴维·兰德斯曾提供了一个从文化角度所做的解释。他解释道：中国在明朝时期渐渐地陷入了哲学与政治领域停滞的泥潭。就在蒙古入侵带来的混乱后，寻求国内社会稳定成为国家的首要任务，而对世界的探索就变得不那么紧要了。尽管郑和南下非洲海岸带回了斑马和长颈鹿，但皇帝却开始觉得类似的海外航行是劳民伤财且徒劳无用的了。

这一政策会阻碍贸易与工业的发展，并导致腐败与裙带关系的产生。汉学家白乐日曾援引兰德斯的话总结道："追求社会稳定成为帝国统治的迫切性需求。"在这个国家，无论是教育还是贸易，国家都命令着一切。"在公事化的氛围下，传统主义和社会稳定让任何创新都变得不可信。"中国并没有从与欧洲列强对抗的过程中、从对方带来的刺激中获益。在内部的和谐稳定成为主要任务后，中国中断了早已开始的经济发展。在克里斯多弗·哥伦布踏上美洲大陆之前的几十年里，中国为求稳定，闭关锁国。而欧洲却选择了一条截然不同的道路。

中国的回归

在《世界文明史》一书中，费尔南·布劳岱尔叙述了18世纪一位英国旅行者在中国见到的惊人事迹。他看见"一艘没有船闸的船在海里跌宕起伏，却最终被人类的力量轻松举起"。这一奇闻实则也体现了其他许多轶事，让布劳岱尔得以评论道："没有任何任务会难倒人类。在中国，这些任务是毫不费力的。"这也充分证明了如今震惊世界的中国重返国际舞台的现象。13亿人已准备好不再为任何目的而工作，而是组成一大批产业后备军，这是马克思无论如何也想象不到的。

中国从一个与世界脱节的经济体一跃成为世界上商业最开放的经济体

之一，期间的发展速度令人瞠目结舌。中国现在是世界第二大经济体，仅次于美国而位于日本之前。如今的经济分析家将太多的心思都放在了研究中国的出口领域，并为其竞争对手而哀悼。中国的出口领域包括纺织品、玩具、电视机，以及其他一些无法预料的产品。埃里克·伊兹拉莱维奇就曾在其《中国何时改变世界》一书中为我们提供了一张商品清单，其中详述了中国产品的竞争对手，包括佩里戈尔[1]的松露以及布列塔尼[2]的花岗岩。

商业贸易剩余让中国得以累积了一大笔外汇收入，在这一点上远超其他工业化国家，并且与其他石油出口大国相比不分轩轾。在流动准备金方面，中国拥有了相当于法国 GDP 数量的准备金。这些储备让中国具备了发展的新动力。中国援助非洲，并向国际组织提供资金，试图在不久的将来取得自己应有的位置。

中国可能会成为世界上最富有的国家，其中的发展速度一定会令人震惊。从目前的增长率来推断，上述情况可能将于 2030～2050 年发生。根据高盛的推论，早于 2030 年实现这一点也是有可能的。法国国际信息与未来研究中心对此持较谨慎的态度。根据财富的比重来调整预期增长率后，法国国际信息与未来研究中心预测中国直至 2050 年还无法登顶。

这一颠覆性的预测显然和中国的人口规模有关。从人均收入来看，中国仍旧是一个贫穷的国家。从国际分类来看，中国与埃及的水平相同，但生活水平仍是美国 1913 年时的水平。让我们预计中国在 2050 年成为世界上最富有的国家，那时中国人的人均收入将会与美国人在 2000 年的水平相一致。如果以年来计算，那么中国与美国之间的人均收入差距将会从 1900 年相差 150 年发展到 2050 年相差 50 年。

世界的新工厂

在毛泽东去世后，中国当局毅然决定进行经济改革。在打倒"四人帮"

---

[1] 法国东北部松露的主要产区。
[2] 法国西北部一地区。

后，邓小平让中国走上了一条通往市场经济的道路。为了实现这一目标，邓小平分了几个阶段来完成，无论从政治角度还是惊人的经济角度来看，这一构思都是绝妙的。第一阶段就包括放开农产品定价。这一政策迅速增加了农民的收入。因为在过去，农民的收入被人为的低收购价长期遏制。人们可能会觉得，在这一阶段的转型中，新的管理制度会让农民受益。同时也会有人对重农主义者的观点敏感，因为重农主义者认为只有农业繁荣才是发财致富的唯一道路。但事情绝不是那样的。很快地，中国采用了几乎截然相反的经济政策，鼓励工业领域大规模发展，但这也导致了农村人口的减少。

土地私有化似乎应该是农业改革过程中的另一大阶段，但事实上它却没有发生。直至2008年，人们才开始了一场有关土地私有制的辩论。如今的经济与政治按照相反的路径发展。土地私有化可能会带来农业生产力的增加。但政府却有一个顾虑，即农民卖地，因为这可能会导致大批人口迁徙至城市。出于相同原因，中国对获取农村土地所有权的限制与日本在19世纪的做法是完全相同的。因此，中国的农业生产力仍然十分薄弱。在经历了第一阶段之后，价格自由化理应让农民迅速致富，但事实上他们的收入却增长缓慢。

中国现行策略与日本先前策略之间的相像之处远不止于农业领域。中国的战略本质上模仿了日本的战略，它可以被总结为三大模块。第一，为了刺激出口，人民币被系统性地保持在一个被低估的水平上。扩大出口历来是众多亚洲国家的一项长远政策。这一政策首先由日本试行并验证，之后是中国台湾、韩国、中国香港与新加坡。亚当·斯密曾解释道：可持续增长的主要动因就是市场的发展。贫穷国家发展的主要障碍就应该是缺乏市场发展。如今全球市场已能够避免这一障碍的产生，就如同英国在19世纪做到的那样。

中国政策的第二大模块同样来源于日本，那就是集约化教育体系。毛泽东对于学校教育的思想最终奏效。它始于20世纪50年代中期，直至20世纪80年代初，它让中国的文盲率减少至人口的1/3。1986年出台的法律进一步强化了该政策。法律规定，6岁后的孩子必须接受至少9年的义务教育。到2023年，能够说英语的中国公民数量可能会超过以英语为母语的国家人数。

中国政策的第三大模块是高储蓄率，已达到50％的水平。如此高的储蓄率以狂热的速度为投资提供了资金，并带来了数目庞大的外汇储备。储蓄过剩让中国得以从资金短缺的泥潭中逃脱出来，这一束缚是新兴国家发展中经常面临的问题，尤其是拉丁美洲国家。

中国的高储蓄率现象让经济学家们产生了困惑，就如同先前看待的日本储蓄问题一样。为什么中国人不想更多地消费呢？这一问题的答案似乎并不与中国人的节俭相关，因为中国人的消费观念已经迅速地与西方接轨了。每100户人家就拥有94台彩色电视机与46台冰箱。他们的饮食习惯也同样予以调整并向西方国家靠拢。在中国，麦当劳每年新开100家分店。中国人对外国大品牌都有着狂热的爱好。在2005年，专业财务服务提供商安永发布了一份报告，其中预测了中国人对奢侈品的消费需求将在2015年占到全世界的1/3，与日本的需求水平相同，但大大领先于其他国家。同样，在仿照日本的模式下，中国的旅游大军也投身到了长线旅游中去。在2013年，预计将有一亿的中国旅游者走出国门，而如今这一数字只有3 000万人。

中国的庞大储蓄并非是由中国在融入西方消费型社会中遇到的困难所带来的。矛盾之处就在于它恰恰相反。中国人的消费水平向西方社会靠拢的速度是惊人的。但我们如何来理解中国的储蓄率高达50％呢？这其中有两大因素。首先，任何经历高速发展的经济体都容易产生高储蓄率。当国家收入每年以10％的速度增长时，消费观念需要经过一段时间才能适应新的标准。其次，储蓄利润率过高，远超投资能力。高利润率也恰恰表明了工资一直以来的弱点。

新型后备军

中国经历了两大惊人的变化：一是穷人数量锐减（以每天至少一美元的

基础来计算)，二是社会不平等激增。穷人数量的减少仍然大大归功于中国一开始采取的农产品自由化策略。之后的工业化进程使最富的10%国民和最穷的10%国民之间的差距进一步拉大至4倍，而后者的收入仍然停滞不前。在中国，最贫穷的10%的人口中有3/4是农民。

城镇与农村之间的平衡主要依靠于一个不合理的机制，即外来打工人员体系。在这种一度盛行的典型农村迁徙过程中，尤其是在欧洲，农民离开农村去往城市，并永久地定居下来。第一代移居者活了下来，而他们的孩子也最终融入到了城市文明中去。人们看待中国体制时会认为移居者是被迫"回到农村"并开始建立家庭的。中国体制依靠于为每人分配住房的政策。这一严格的规定确定了中国公民获取公共利益的权利。举例来说，孩子们只能通过正式的父母户口才可享受到公立学校或公共医疗的待遇。所以，对"农民工"(不在户籍所在地居住的工人)来说，要在所在地建立一个家庭几乎是不可能的。

如今的中国拥有1.3亿农民工，占到整个城市劳动力的1/4左右。提起这些农民工与马克思所认为的无产阶级"产业后备军"之间的相似之处，映入脑海的就是他们不得不做一些收入最低的工作。他们就像移民一样，是国内的半合法性劳动群体。对他们来说，户口政策是一种不合理的管理方法。这一机制导致了中国人口中的二元对立，从经济角度来看它是一种异象，从政治领域来看它也颇具讽刺意义。

从经济角度来看，这一机制尤其无效。农民工的职业生命周期被缩短了。为了回到老家养家糊口，他们几乎不再工作。如此一来，整个国家便会产生"收入差"，就像法国曾经经历的那样，无法让大于55岁的工人继续工作下去。他们的孩子于是只能重新学习在城市生活，并痛苦地融入社会的缝隙中去。就这样，农民晋升到城市中产阶级的道路被阻挡住了。

从政治角度来看，这一机制在2008年危机时仍然显示出了明显的优势。经济衰退的第一批受害者就是农民工，他们是没有福利的临时工，他们是会被最先解雇的群体，他们只能立即回到出生的土地上去。在金融危机的背景下，户口可以被视为一种复杂的、残忍的体系。从长远发展的角度来说，它是昂贵的。但在社会紧张时期，它却是有效的，它能够让那些身处风险中心的人远离风险。

"中国让我担忧"

中国再度焕发的发展动力，其中有一个因素是中国未来发展的弱点，即省际间的竞争关系。戴维·兰德斯曾很讽刺地解释道，如果中国仍然处在汉朝成立前七大诸侯国盛行的时期（公元前3世纪），那么毫无疑问地会比帝国王朝体制运行得更好。因为它能够像欧洲国家一样从竞争带来的刺激中获益。如今，七大诸侯国只是以另一种形式在中国显现。中国各省从新的自治政策中获益。汉学家让·吕克·多梅纳克曾在其2008年出版的《为中国担忧》一书中提到，中国各省市由一群政治家们领导，他们是财阀统治者，其主要目的就是个人的致富。而在其他腐败国家，精英们抑制了经济发展的活力，与此相比，中国的腐败现象至少还是推动增长的一大因素。省级机关互相竞争以吸引外资，利用其在基础建设领域的相对优势来促进整体的投资额。中国各地区之间激烈竞争带来的作用就与欧洲各民族国家在16世纪的一样。

中央权力与地区权力之间的复杂平衡关系是现今机制中的主要不确定因素之一。这两者之间存在着时而微妙时而残忍的游戏关系。北京的中央当局试图保有决定权，他们时常通过电话对当地人员发号施令，而中央干预最喜欢的主题就是反腐败了。地区间的调遣为法律捍卫者们打开了一条狭窄的渠道，让那些"赤脚律师"们冒着失去自由的风险慢慢地将人权的理念传播至整个中国社会。但中央当局也会运用一些更危险的手段——推捧国家中的民族主义者。让·吕克·多梅纳克补充道："中国政府如此做是为了以防万一。"如今的中国就像过去的欧洲一样，民族主义成为融合社会转型的一大武器。至此，我们不得不将中国与20世纪初的德国相比。德国当时陷入了普鲁士集权与日益增加的资产阶级之间的矛盾。

印度的觉醒

令李约瑟纠结的一个问题就是：为什么中国没有产生像伽利略或牛顿一样的人物？但这一问题却不适用于印度。尽管印度由于发明了负数概念而在数学领域领先，但它在技术领域的能力并没有中国突出。当然，印度的农业也是各式各样的，包括大米、小麦、小米、甘蔗、食用油、棉花、蚕丝以及黄麻。然而，这一强大的农业财富却并没有被出众的技术能力所带动。印度依靠密集型的劳动技术而不是精妙的科学技术。蒙兀儿王朝凸显的辉煌就是归功于印度社会存在的极其不平等性而不是繁荣本身。为了和欧洲发展并行，印度践行了东欧[1]的道路，即让劳作长期处在一个极其不平等的体系中。

印度在1947年取得了独立性，但却没有逐渐地改变其社会特征。贾瓦哈拉尔·尼赫鲁[2]就曾发表了一篇关于人类自由的最美演说，但他却是以英文来演讲的，以殖民者的语言来演讲的，以少数印度人会说的语言来演讲的。这一则轶事突出了新型独立国家在脱离殖民地准则与自我社会不平等中所遇到的困难。尼赫鲁于1964年去世，两年后他的女儿英迪拉·甘地继承了他的衣钵，并于1966～1977年间担任总理。于是，尼赫鲁与甘地的时代就持续了将近30年。在此期间，印度人均收入年增长率平均为0.7%。这一成绩要比过往的好很多，因为过去的平均数据都是负数。在1946年，印度人均收入要比1913年还要低。但是印度在独立后，人均收入相较于日本或韩国仍然表现得十分疲弱。印度极度贫困，其贫困人数占整体人口的55%。

在上述期间，"许可证制度"阻碍了经济的发展。该制度是指一个无所不在的行政体系，几乎所有生产链都需要获得许可。该制度在印度一独立

---

[1] 易北河以东的欧洲地区。
[2] 印度开国总理。

之后就由尼赫鲁创建，它使印度在经济事务领域对世界封闭起来。但是该制度的最大失败还是存在于政治领域中。官僚机构都喜欢能够滋生腐败的体制，而任何批准请求都包含了批准人员的报酬。在2005年，国际透明组织[1]就将印度排列于反腐国家中的第98位。

这一政策的矛盾化效果至今还能显现。肯定的是，印度延缓融入世界的策略令其丧失了发展的时间，但是当印度重新开放时，印度已拥有了人才的"原始积累"，这也成为印度如今的优势。印度在信息与医疗领域取得了成功，随后为了发展这些领域，它却将自己与世界隔离开来，最终导致了政策失败。而一旦化学家与工程师不得不重新发明所有事物时，先前受到保护的领域就拥有了强大的技术储备力量，最终得以迎接开放化的挑战。

印度领导者对于商业开放的态度迅速转变了。英迪拉·甘地在1980年1月成功连任后，大概是受到中国变化所带来的刺激，她想尽办法来促进增长。分配给小企业的生产配额进一步扩大了，对于机械设备的进口限制也尝试性地放松了。在甘地执政的第一年里，设备制造产业的关税减少了一半。

虽然甘地看上去并没有那么倾向于市场发展，但几乎是在无形中，用丹尼·罗德里克的话来说，她变得更"支持商业"了。印度在19世纪后半叶拥有了几大产业王国，例如安巴尼、米塔尔、塔塔，其中塔塔独自就占到印度GDP的3%。正是归功于塔塔王国的创始人，印度才得以在1903年建成了泰姬陵酒店。塔塔的创始人之一在遭受被沃森酒店禁止入内的侮辱之后，泰姬陵酒店开始兴建，就建于只允许英国人入内的沃森酒店的对面。印度的产业王国都害怕政治力量不适时地介入其内部事务，于是他们对自身的发展都十分谨慎。政府在政策领域也向着更为激进的方向转变。

当英迪拉·甘地在1984年被其锡克教的保镖暗杀后，她的儿子拉吉夫追随了她的政策。当拉吉夫在1991年也被暗杀后，印度的经济状况仍然十分脆弱。国际收支赤字、预算赤字，以及通货膨胀的这一切都威胁着印度的

---

[1] 研究与关注各种腐败问题的国际研究机构，每年发布一份全球腐败报告。

经济发展。但随着纳拉辛哈·拉奥与曼莫汉·辛格领导的新政府团队的到来，印度彻底打破了与过去政策的联系。

记者大卫·史密斯曾将印度的拉奥与中国的邓小平作比较。拉奥是国大党即甘地党的老人了。而辛格是一名从剑桥毕业的经济学家，也曾是中央银行的长官。在几个月里，他们共同将平均为100%（最高为355%）的海关关税降至25%～30%。相较于美元，印度卢比被贬值了22%以促进出口。印度还出台了与外商投资相关的新政策。在1991年7月24日，辛格向国民大会做了激情的演说，他引用了维克多·雨果的话，大意是世界上再也没有如此强大的理念了，印度的时代即将到来。辛格的产业政策也被拿来与列宁的新经济政策[1]相比较。

尽管经济的复苏使国大党在改选中胜出，但其竞争对手人民党最终在1998年获得了胜利。印度人民党是印度民族主义的政党，其对印度的经济自由化与全球化起到了重要的作用。人民党加重了印度教与穆斯林之间的紧张关系。印度西部的古吉拉特邦毗邻巴基斯坦，它曾在1992年组织策划了反穆斯林活动，这为两大宗教的关系留下了不可磨灭的伤痕。在人民党夺取议会选举胜利后，印度的改革不知是否会继续，但是出乎意料的，人民党坚持实施了先前的政策。五年后，由拉吉夫遗孀索尼娅领导的国大党夺取选举胜利后，原先在拉奥旗下担任财政部部长的辛格被提升为新任总理。印度，这一年均增长率徘徊在10%左右的国家，最终完成了自己的亚洲飞跃。

易受攻击的印度

尽管印度有着高增长率，但其仍然十分贫困，原因就是社会的不平等性，以及阻挡下层社会提升等级的老旧传统。根据咨询公司麦肯锡的观点，印度社会可被分为四大等级：120万非常富有的小部分精英群体、4 000万希望达到西方消费水准的中等收入家庭、1.1亿希望获得平均收入的家庭

---

[1] 苏联于20世纪20年代实行的重塑经济的政策。

(每年1 500～4 000美元,仅在贫困线之上),以及大批真正贫困的人,这些人占了印度人口的绝大部分。40%的孩子都遭受着营养不良,这一比例比非洲还要高。一个号称自己是世界上最大的民主国家怎么可以容忍如此的不平等出现呢?让我们先通过下面的克里斯托夫·雅夫洛研究来看这个令人纠结的问题。

首先,印度确实十分遵守民主准则,这足以让它号称自己是"世界上最大的民主国家"。除了英迪拉·甘地下令国家进入紧急状态(1977～1979年)之外[1],印度的民主进程始终被小心翼翼地维护着。媒体是自由的,从不对现任政府提出批评。从20世纪80年代开始,印度政党的更迭也成为规定,社会主义人士从尼赫鲁的国大党中分离,建立了新人民党。接着,轮到了反穆斯林的人民党。在2004年,人民党不得不将权力移交给了国大党。

除了这些规则之外,印度要从先前的民主发展成为真正减少不平等现象的社会主义民主具有一定的困难。印度世袭等级制度仍然是社会流动性的一大看不见的障碍。国大党本身就是高等级社会人士的政党,它以婆罗门人[2]为代表。而比姆拉奥·拉姆吉·安贝德卡尔[3]是印度"不可接触者"(即四大种姓之外的"贱民")中的领袖,他曾对印度的无理体系提出振奋人心的批评。他曾说道:"印度社会对高者尊敬,对低者轻蔑",即每个人都轻视那些处在社会底层的人,并希望爬得更高,但却从来没有人质疑过这一制度本身。

种姓制度也确立了一代代劳动力的分工。甘地对这一制度持支持态度,她甚至认为这是一个"在建立之初就健康的劳动分工体系"。她还补充道:"我认为这一制度就如同每个人天生的外表一样,从父母处承袭而来,每个人也从祖先那里遗传到某种性格与特定的潜质。必须承认的是,这一切

---

[1] 在此之后,英迪拉·甘地在竞选中失败。

[2] 祭司贵族,主要掌握神权、占卜祸福、垄断文化以及报道农时季节,在印度社会地位中是最高的。

[3] 1893～1958年,印度宪法之父,现代印度佛教复兴倡导人。生于贱民家庭,后来成为该阶层民众中第一个获得大学学位的人。

让每一个人都保持了自己的活力。"

国会一直是一个全民政党，由进步派人士统领。他们认为世袭等级制度并不是一个有效的社会分类制度，在当地主要由名人要员独当一面，他们主要维护的是自己的利益与地位。国会尝试通过招募像安贝德卡尔那样的"不可接触者"来组建一个"极端联盟"。但是在名人要员的压力下，这一计划远比华丽的设想来得困难得多，尤其是在土地改革与教育普及领域。共产党员由于谈论社会等级而非种姓制度逐渐地失去了地位，并且不再能调动渴望解放的弱势阶层了。

然而，一些年来，印度也发生了变化。印度采用了正面差别待遇[1]政策，这一政策按照种姓制度来实施，而非依靠单纯的社会经济标准。1978年12月20日，莫拉尔吉·兰奇霍季·德赛[2]决定任命一个委员会来分析弱势阶层。委员会将弱势阶层命名为"其他的落后阶级"（简称OBC），以将他们与"不可接触者"区分开来。曼达尔委员会对正面差别待遇政策持支持态度，他们认为"对受到不公平待遇的人应该还以同样的永久性不公平对待"。于是底层阶级的影响力开始越来越大了。1989年，由辛格领导的印度人民党再度上台，决定"政府应该采取所有必要的措施来实施曼达尔委员会的建议"。

由上层种姓阶级统领的两大政党——国大党与人民党，都试图参照曼达尔委员会的报告来为弱势阶层与达利人（"不可接触者"）创造工作岗位。人民党同样试图通过发表反穆斯林文章来吸引底层阶级，最终赢得了大选。但曼达尔委员会提供的策略并不会长久，因为它没有后续措施了。政治权力开始易手。"不可接触者"们脱离了国大党，将他们中的一员——科切里尔·拉曼·纳拉亚南送上了共和国的总统职位。

甘地所害怕的暴力冲突并没有发生。婆罗门人确实在曼达尔报告发表

---

〔1〕对于残障人士和少数民族群体，政府与私人企业都施以"正面差别待遇"，给予弱势者优惠待遇，为他们提供保障名额，或规定保留一定比例的工作机会，或以赋税优惠等各种奖励措施来鼓励这一政策的措施。

〔2〕第一位非国大党人印度总理。

后进行了绝食抗议,但这一紧急状态很快就被平息了。根据贾弗雷罗的话来说,这一相对的平静有一部分是因为当时底层阶级在公共领域得到了新的政策配额,而高等阶级的人则可以重返私人领域,这一领域由于新的经济增长而变得十分有吸引力。高层与底层间人民的合作就这样无声无息地展开了。精英们开始瞄准经济领域,而将政治权力留给了底层阶级。从前西方社会中的精英们从"政治热情转向了经济兴趣",这一幕也发生在了如今的印度。就目前而言,这一混合的合作机制似乎仍然有效,但它却也十分脆弱。不同种姓的正面差别待遇政策在短期来看是件好事,但它也同时增加了将孩子扼死腹中的风险。

第十二章　历史与西方社会的尽头

弱国的悲剧

　　印度和中国重回世界资本市场,这与另一大事件密不可分,那就是苏联的解体。当苏联的自身危机已经变得很严重的时候,苏联坚持了国家社会主义,并逐渐地改变了其发展策略。柏林墙的推倒让一些人觉得世界已经发展到了"历史的尽头[1]"。根据这一说法,所有国家都已到达了同一目的地——市场经济与具有代表性的民主主义。康德所梦想的世界和平终于变成了现实。

　　然而,在2001年9月11日,对美国世贸中心双子楼的恐怖袭击拉开了21世纪的大幕,其轰动程度绝不亚于20世纪末尾1989年11月9日推倒柏林墙带来的效应。与福山的乐观观点相反,塞缪尔·亨廷顿的"文明冲突论"似乎更像是一个预言。对亨廷顿来说,东西方永远不会有交集,伟大的

---

〔1〕　这一词汇源于黑格尔,随后被弗朗西斯·福山所使用。

东方文明更倾向于重拾它所遗失的权力,而非构建一个民主与和平的世界。亨廷顿"现实主义政策"的结论就是让每个国家通过自我努力来避免新的世界大战。

我们该如何在福山与亨廷顿之间选择呢?世界各种文明会朝向同一个简单的模型,即"市场民主"模型去发展吗?这些文明的发展轨迹是独一无二的吗?人们的答案可能会更倾向于"不"。看着如今的新兴国家重走欧洲过去五个世纪的老路,人们不禁产生第三种猜想——欧洲可能又要面临巨大的风险了。和平的解决方案只是如今发展的可能性之一,其他可能性还包括重蹈战争与动乱的覆辙。

市场与民主

南斯拉夫与卢旺达的大屠杀,以及印度古吉拉特邦地区进行的反穆斯林活动迅速地打破了推倒柏林墙时世人的和平梦想。阿尔君·阿帕杜莱曾说道:"这些暴力行为反映出是人们过多的愤怒与仇恨导致了数不清的堕落与暴力的产生,人类作为受害者在身体和心灵上受到了无尽的伤害,例如被残害与折磨的身体、被烧焦与强暴的人类、被摘去内脏的女人、被砍伤的孩子,以及每个人受到的性侮辱。"

蔡美儿[1]曾在其《着火的世界》一书中辛酸地描述了她的姑妈在1994年被司机谋杀。警方提供的作案动机是"仇杀"。蔡美儿的家庭属于中国移民中少数的富裕家庭,在菲律宾人中,她也代表了人口中1%的中菲裔以及60%的富裕人群。在印度尼西亚,上述数字相差无几。在菲律宾的中方企业与产业也是如此。在1998年的雅加达,狂怒的人群烧毁并抢夺了数以百计的中国家庭与中国商店,导致了超过2 000人的死亡。"一位幸存者——14岁的中国女孩,随后吞下老鼠药自杀了。她曾遭遇了轮奸,并在其父母面前被凌辱。"

蔡美儿的书正是在这种精神创伤中写就的。她解释道,在任何地方,只

---

[1] 中菲裔律师,现任耶鲁大学法学院终身教授。

要有经济上占统治地位的少数人群存在,市场与民主相混合的体制就会形成一种爆炸性的混乱。"对选票的争夺促使了煽动者们的出现,他们让遭人怨恨的少数群体成为替罪的羊,并鼓动了民族主义运动,要求国家的财富与地位被那些'真正的国家主人'所拥有。"

蔡美儿着重突出了少数富有人群的问题,这些问题与少数贫困人群的问题是一样的。诚如阿帕杜莱所说,人们认定少数群体就应该承受普遍的暴力,因为他们总是有罪的。"当少数群体变得富有了,他们就会促使精英全球化,并成为印度底层阶级观念的调解者与传播者。而当他们变成穷人,他们就自然而然地成为经济发展与国家福利的失败典型。"贫穷的少数群体遭受着双重排斥——文化上的与经济上的排斥。例如,在墨西哥,81%的本土人民收入在贫困线之下,与其他18%的人口恰恰相反。在尼泊尔,底层阶级中5岁以下的儿童死亡率超过了17%,而那些高等层级的尼瓦尔人与婆罗门人的数字却只有7%左右。在塞尔维亚与蒙特内哥罗,30%的罗马(吉普赛)孩童从来没上过学。在圣保罗,黑人以及他们的孩子只能赚到白人一半的薪水。如此多的例子可以援引,它们都反映出了社会对底层阶级的侮辱以及对其在经济上的排斥所带来的恶性循环。

联合国开发计划署在2004年所做的报告《多样化世界的文化自由》指出,将近有10亿人是各种排斥现象的受害者(如种族排斥、宗教排斥,或是更常见的文化排斥)。超过150个国家拥有少数群体,这些少数群体至少代表了国家总人口的10%。另有100个国家的少数群体占到了国家总人口的25%之多。该联合国报告还激起了一些人士对于文化自由的积极辩护:"人类想要获得自由来公开践行他们的宗教信仰,来诉说他们的语言,来庆祝他们的民族或宗教传统,并无须害怕受到嘲弄、处罚,以及无须承担丧失机会的风险。"

少数群体期望自我权利受到认可,这一期望最终成为20世纪90年代悲剧的促发因素之一。诚如阿帕杜莱所说的那样,柏林墙的推倒带来的民主承诺激励了少数群体来获得对自身文化权利的保护,这一点随后集中爆发于20世纪90年代。

从社会的另一角度来看，阿帕杜莱的推理融合了蔡美儿的观点。民主与市场经济间的联姻并不总是成功的。为了要成功，这两者首先必须互相了解、互相赞同。这也成为建立国家的一大难题。

国　家

汉娜·阿伦特曾对她的长期研究《极权主义的起源》做出过总结，她认为国家是现代社会的致命弱点。理想地来看，国家是一个政治共同体，它通过给予公民同等的权利与义务来消除各自间的差异。但一旦国家陷入了危机，又或是简单地陷入了困境，国家就变成了种族纯化[1]的机构。在此之后，所有可怕的事情都可能会发生。英国历史学家伊恩·克肖就曾说道："纳粹主义是由一种'千年的伪宗教版国家复兴'而滋生，它是'民族共同体'的体现，它倡导了人类在'真正的'德国价值观上创造新的种族认同来跨越政治与宗教的分界与等级。"

阿伦特与克肖不断地在了解纳粹主义的起源，但他们的观点已被广泛使用。勒内·吉拉尔曾完美地诠释道，在一个无法了解自身的社会中，对于"不受欢迎的"少数群体的暴力攻击让那些多数群体的成员了解到了自己的本性。吉拉德也表明，并非是少数群体促发了暴力，恰恰相反，多数群体才是真正的幕后黑手。

在世界最贫穷的地区，尤其是非洲，许多国家还没有达到独裁性暴力的地步。经济学家保罗·科利尔曾在其《最底层的十亿人》一书中写道，我们如何来了解最底层的十亿人的命运？答案就在14世纪的欧洲。那时，瘟疫、战争、饥荒成为每天必经的生活。在那些被内战毁坏的国家，科利尔总结了一种现象，即"逆向发展"现象，用来取代封建主义与平息国内动乱的新型国家建设还未开始。非洲国家对根除暴力长期缺乏作为，而欧洲却早已在几个世纪里执行了相关政策。

欧洲统治下的殖民地国家有着不同的发展轨迹，这凸显出了如下问

---

[1] 民族统一性，邻里社区中文化、种族等的同一化。

题——究竟墨西哥与美国之间,或者南非与新西兰之间有什么不同呢？为什么一些贫困国家未能及时达到民主,而另一些富有国家却获得了民主呢？为了回答这些问题,达龙·阿塞莫格鲁、西蒙·约翰逊与詹姆斯·罗宾逊提出了一个惊人的理论,就连勒内·吉拉尔也表示赞同。根据他们的分析,上述问题的答案是很简单的。在一些国家,欧洲人消灭了"印第安人"后,这些国家如今都变得富有了。与之相反,当一些国家的殖民者仍旧是少数群体,这些国家就会变得十分贫穷。阿塞莫格鲁和他的合著者都表明了殖民地国家的内部问题与其现有的财富之间有着非常显著的关系。他们如何来解释这一令人惊叹的结论呢？

上述观点与任何欧洲人对于当地人的优越感无关,而是另一大机制在起着作用。当欧洲人还是殖民地国家的少数群体时,他们并不会试图创建一个现代社会来为个人与私有财产的安全而负责。让他们感兴趣的是剥削当地人民的劳动力,这是出于对当地人权利的蔑视。与此相反,当白人"彼此间都在一起"成为主流群体的时候,他们就会将自己国家民族的制度和习俗引入殖民地。于是,像英国这样的国家间接地加速了现代国家的形成。

这些观察结果都证明了一个潜在的现象,即现代经济发展需要依靠于现代国家体制结构。为了致富,现代经济发展需要相同程度的资金(机器)、人力资源(教育与公共医疗)、有效体制(有序市场与法律监管)。但是人力资源与有效体制都是由国家提供的,它们构成了经济学家口中的国家社会基础。它们都建立于一个事实之上,即国家担任了"公共商品"的保证人,没有这一点,个人的成功是绝不可能的。例如,亚洲国家都复制了日本的成功模式,因为日本将国家的能力都用在给予国民最基本的公共物品上,例如学校教育、公共医疗、法律监管、国土权益等。这些要素却悲剧性地没有被处在全球化边缘的国家所关注。在保罗·科利尔看来,这些国家的国民就属于"最底层的十亿人",他们总是会陷入人口危机,到 2050 年会达到 20 亿人口的规模。

科利尔将最贫穷国家的这种情况描述为"贫困陷阱"。弱国很难有经济发展,反过来,贫困也限制了弱国向强国的转变。

这一政治与经济的陷阱是一个显示出普遍原理的例子。经济与政治是相互联系的，但这却是迫不得已的，远非真正的和谐。一个下滑的经济体不可避免地昭示着所在政权的衰落，这就像一个公认的弱国不会拥有经济发展一样。同理，经济增长会帮助国家实现自身计划，无论是扩张主义计划还是对社会有益的计划。不夸张地说，一个强大的国家是经济增长的一大因素。但是事物并不是永恒不变的。社会中长期窒息的发展状态足以酝酿出新的改革，并带领着社会迅速发展。但是，没有任何东西可以保证这种转变能够持久。变革的持久需要的是谨慎。如赫希曼在其《激情与利益》一书中写道，受到经济扩张期与经济紧缩期的影响，我们不能先假设经济发展会不可避免地需要政治发展，相反，我们最好还是承认"政治对经济的影响在本质上就是模糊的，它可以同时起正作用或反作用"。

对西方世界的批评

此时此刻，让我们回到塞缪尔·亨廷顿的理论，即新旧文明世界绝不可能有所交集，在消费社会面纱下的是一种对立的价值体系，其内部很可能互相冲突。在对亨廷顿理论的众多批评中，最有说服力之一的就是，东方对西方思想的抵制并非是一开始就有的，而是在西方自我发展的过程中形成的。诚如伊安·布鲁玛与阿维夏伊·玛格里特在他们的《西方主义》一书中精彩地写道，上述观点在19世纪与20世纪上半叶就传遍了欧洲。几乎是从一开始，启蒙运动带来的人类历史愿景就被德国浪漫主义所批评。而启蒙运动的思想家们对人类历史有着乐观看法，他们认为人类历史肯定是往更美好、更理性的方向直线发展。而浪漫派人士却提供了另一种视角，即人类历史会被一系列新的因素所影响，那就是"无知、堕落、赎罪"。在19世纪，西方世界的陨落成为西方文学的一大主题。

浪漫派人士对现代世界的批评主要集中于科学在人类管理领域的过分自负。他们认为，科学并不能理解人类灵魂的痛苦，同时他们还批评科学是一种没有智慧的思维模式。科学创造了一个没有人性的世界，一个对宗教

第十二章
历史与西方社会的尽头

沦为迷信而无动于衷的世界。屠格涅夫曾在《父与子》一书中讽刺他的英雄巴扎洛夫是科学至上主义的狂热拥护者，并认为他是功利主义者。福楼拜在《包法利夫人》一书中对药剂师郝麦也做了相同的评价。

对现代世界的另一大批评是马克思对资产阶级的责备，因为他们有着"在自我算计的冰水中淹没的英雄主义"。让巴特、奥斯瓦德、斯彭格勒、琼格，以及其他德国智者最轻视的就是资产阶级的懦弱，这就体现在资产阶级死守生命、不为构思新理念而死。巴特运用了"因循守旧"一词来形容这些资产阶级的心理，而海德格尔则认为"美国主义"可以用来填补欧洲人的心灵。资产阶级的自满形象渐渐地变成了懦夫形象，恰恰是准备自我牺牲的英雄的反例。根据德国民族主义作家阿图·莫勒·凡登布鲁克所说，西方世界是平凡普通的，因为它为每个人都提供了平凡的可能性。西方世界对人类社会来说是一个威胁，因为它消灭了所有乌托邦理念的价值。

在德国，对于法国人的憎恨同样浮上了水面。根据以赛亚·伯林所说，浪漫主义运动[1]的一部分其实是反法国运动。国人的敏感度受到了刺激，因为他们确信国家已经被拿破仑一世的军队深深地羞辱了。18世纪腓特烈大帝[2]对法国文化的热情让他狂热地批发法国的一切，而这又进一步加深了德国人对法国人的憎恨。

像腓特烈二世的例子并不只有一个。统治者们总是常常想要引入西方模式，但却没有发现他们的人民并不愿意跟随。在俄罗斯，彼得大帝要求地主们与波雅尔族[3]必须刮掉胡须。他随即要求牧师们宣传理性的优点。1923年上任的土耳其总统凯末尔·阿塔土尔克试图将西方的技术与规范应用于服装与美发行业。他禁止妇女头戴面纱，就如同伊朗国王一样。在伊朗城市里，国王沙阿分派巡逻部队强迫女性拿下她们的面纱，有时甚至是威胁式的，他还强迫宗教人士取下穆斯林头巾。

---

[1] 18世纪末及19世纪初西欧掀起的文学艺术运动。

[2] 1712～1786年，腓特烈二世，普鲁士国王。统治时期普鲁士军事大规模发展，领土扩张，文化艺术得到赞助，使普鲁士成为德意志的霸主。

[3] 沙俄特权贵族的一员，后被彼得大帝废除。

政治伊斯兰[1]的复兴可以被解读为极权政体现代化的结果。如果没有巴列维施行的残酷现世主义，没有埃及、叙利亚、阿尔及利亚社会主义试验的失败，伊斯兰革命运动不可能会诞生。阿尔伯特·麦米曾在其1957年的书中成功地预测到了上述变革的发生，他解释道，中东的独裁政治只给人们留下了宗教领域可供争论，但这一领域随后也很快地被禁止讨论了。

政治伊斯兰是一种反抗的表现，它绝不意味着"文明的冲突"。西方文明引领的所有文明始终为现代化进程提供了反对力量。在19世纪末的日本明治时代，日本武士用和服来换取双排扣长礼服以及大礼帽。他们毁坏了佛寺佛堂，并打着"进步、科学、启蒙"的名义大肆改革。在此期间，日本农民在城市里过着魔鬼般的悲惨生活。如布鲁玛和马格利特所说，"日本农民有时不得不将自己的姐妹卖到城市里的妓院中去。"像德国一样，日本人对现代世界侵入的憎恨滋生了极端主义分子，并最终促使第二次世界大战的发生。

暴力的终极回归

欧洲的历史告诉我们，我们不应该再等待农村世界在民主与市场经济的进程中向工业世界转变。很多时候，是暴力周期性地爆发伴随了这一变革。

在欧洲，在16世纪与17世纪宗教战争的血腥之后，暴力开始退潮。在30年战争[2]期间的暴行之后，国家开始将暴力合法化，并成为暴力的垄断者。这一转折点只是一个阶段。欧洲的例子表明，暴力的发展是曲折的。如果它在一边退潮，那么它一定会在另一边出现。在整个19世纪，当暴力局限于对个人或财产的袭击时，暴力渗透进了个人的生活，例如婚姻暴力。那些对待其他男人没有侵略性的男人反倒是常常袭击女性和孩童。与一般的犯罪相反，对未成年人的性虐待始终没有消退过。如今，犯罪往往发生在

---

[1] 政治的宗教化和宗教的政治化，即以宗教为工具或载体，表达政治诉求。
[2] 1618~1648年，由神圣罗马帝国的内战演变而成的全欧参与的一次大规模国际战争。

家里而不是公共场所。法国法庭长时间以来一直对那些出自"爱、妒忌、骚乱"的谋杀表示理解。直到19世纪80年代，越来越多有关强暴幼童、乱伦、虐待幼童的报告才开始起作用。

最终，任由社会操纵的唯一合法化暴力就是战争。穆尚布莱总结道："20世纪初有一个矛盾现象，即那些自认为受过良好教育的人一边认为暴力是不可接受的，另一边又筹备了1914～1918年的恐怖屠杀。这难道不是受压迫人群的回归性报复吗？"

根据穆尚布莱所说，世界上仍然存在着第三个暴力地带，该地带介于私人暴力与公共暴力之间，其实质就是虚拟的想象。当城市犯罪率有所下降，越来越多的欧洲城市都陷入了对"危险阶级"的恐慌。当暴力行为有所减缓，这种恐慌却加剧了。阅读犯罪小说成为人们消除痛苦的方式。从18世纪中期开始，杀手与小偷变成了"黑影大军"，成为新城市人的噩梦与读物。血腥的故事被写下来出版。那些能体现邪恶与死亡的小说人物，例如田纳布拉斯与吉格玛，在很久以后出现在了夏洛克·福尔摩斯及其同僚鲁雷达比勒的书中。他们撰写的方托马斯，号称"犯罪的天才"，在1911年也出现于世人的眼前。在整部方托马斯系列[1]中，详细描述的暴力袭击、伤人、绑架、坐牢，以及出于邪恶目的的谋杀（如骄傲或复仇等）并不多，总共552起。

这些不同程度的暴力每天都在发生，并且发生于全世界。对图西族[2]、波斯尼亚人、古吉拉特邦的穆斯林，以及其他群体的暴力成为动乱国家的问题，使他们不得不将精力从勒内·吉拉尔所说的体制中转移开来。一个人为了活下来就必须去杀人，更有甚者，为了成为某群体的一员而杀人。这就是欧洲宗教战争期间的暴力形象。

面对仇恨犯罪[3]复发的危险，我们不得不提及那些最常见的合法暴

---

[1] 《方托马斯》系列是 Marcel Allain 和 Pierre Souvestre 两人在1911～1913年撰写的惊险小说，共32部，故事舞台是第一次世界大战前的巴黎。该系列的发行一直持续到1963年。

[2] 卢旺达与布隆迪境内的少数民族。

[3] 常常得不到诊治的未成年人、边远地区的未成年人，因仇恨其他未成年人的种族、宗教或性别而实施"仇恨犯罪"。

力——国家与国家之间的战争。发生这一现象的热点地区就包括印度与巴基斯坦相邻的边界、中国与日本相隔的海域,以及俄罗斯与格鲁吉亚的边界。在激进派国家(通常为古帝国)与其邻邦之间依然存在着冲突,因为邻国的独立总是会激怒帝国,它打破了帝国的国内平衡。

暴力的第三大阶段就是虚拟的想象。如今,由恐怖电影与电脑游戏转化而来的后现代化暴力随处可见,但其主要还是出现于富裕国家。这是属于21世纪的暴力,9·11事件的发生就是一个很好的例子。通过全世界的镜头传播,9·11事件意在揭示美国人民的集体想象力,而不是美国的物质力量。像田纳布拉斯与吉格玛一样的小说人物也许今天已经改了名字或改了描述,但其受欢迎程度始终是不变的。

第十三章 生态系统的崩溃

拥挤的地球

全世界的工业化进程颠覆了之前盛行的一个观念,即工业化仅仅发展于欧洲国家与日本。一种新的威胁萦绕在各国的心头,它是对地球的巨大压力,是人类最后的共同利益。集体性自杀的危险在这一领域显现了出来。

新兴国家跟随的是西方国家的发展轨迹,他们想要以此来获取现代化经济增长所带来的利益。一般来说,新兴国家与西方国家趋同的过程正在一步步进行中,尤其是亚洲国家。经济学家杰弗瑞·萨克斯在其《共同财富》一书中向人们提供了诸多具有启发性的数据。从现有的趋势来推断,新兴国家从现在到2050年可以达到人均40 000美元收入的发展水平,这一数字相当于美国2005年时的水平。这样的经济增长能让新兴国家的人均收入增长四倍。假设富裕国家的收入同样按照现在的速度来增长,那么贫穷国家的人均收入差异比率将从1∶15缩小到1∶2.5。考虑到全球人口的上升(从60亿人口激增到90亿人口),地球所创造出的财富将增长6倍,从

2005年的70万亿美元发展为2050年的420万亿美元。然而，人类对生态环境的利用也在不断增加，这使地球承受了巨大的负担。

没有什么可以让地球事先准备好应对这场巨变。在18世纪前，人类依靠各种能源(例如阳光)，并在较小程度上依靠于水资源和风能源。随后，一切都改变了。诺贝尔化学奖得主保罗·克鲁岑就将当前世界的演变总结为"人类世[1]"，一个从自然支配演变为人类支配的世界。有一个数据可以准确地描述这一术语的具体含义。在农业发展阶段，人类、牛羊以及饲养动物的总和占所有脊椎动物的比率不到0.1%。而如今，这一数字已变成了98%。

人类制造出许多问题，而全球化却使这些问题的规模都有了质的飞跃。一个简单的事实就是中国的经济增长打破了自然资源的供求平衡。在五大基本原材料(粮食、肉类、石油、煤炭和钢铁)中，中国较全世界的消耗水平多出了4倍。此时此刻，唯一的例外就是石油，其消耗量仍然落后于美国。中国在2005年消耗了3.8亿吨粮食，而美国则消耗了2.6亿吨。中国的小麦与大米消耗量要领先于美国，只有在玉米消耗量上排在美国之后。中国对钢铁的消费也接近美国的2倍，其中中国2.58亿吨，美国1.04亿吨。在现代消费品领域，中国在手机、电视、冰箱的消费上排名第一。美国仍然是汽车与电脑领域的消费巨头，但这一地位也肯定不会长久了。

如果中国按照美国的消费习惯来发展，那么到2030年就会消耗掉全世界现有粮食的2/3。如果中国在纸张消耗中赶上美国，那么它将消耗掉3 050亿吨纸张，这相当于消耗掉全球所有的森林了。诚如莱斯特·布朗所说，"西方的经济模式并不适合于中国，因为到了2031年中国将拥有14.5亿的人口。"西方模式也同样不适用于印度，到2031年其人口将会超越中国。

如果中国按照美国的模式发展为每4人就拥有3辆汽车，那么其道路

---

[1] 人类世是指地球的最近代历史，人类世并没有准确的开始年份，可能是由18世纪末人类活动对气候及生态系统造成全球性影响开始。

与停车设施就得超过如今的耕地量。在这种情况下,中国的日均石油销量会达到9 900万桶,而如今全世界每天生产8 400万桶石油,且这一数字的下降是早晚的。虽然1980～2000年探明的石油储量翻了一番,但是这一比率随后就下降了,因为发现的新油田要比每年生产的石油量少得多。在23个石油生产国中,有15个已经达到了"最高产量",随后它们的年均产量开始逐年减少。

全球变暖

全球变暖是最负盛名也是最让人担忧的现象,它是地球上工业化效应的体现。1995～2006年就有11个最热的年份。这种变暖现象与干旱、飓风、热浪的显著增加有着直接关系(例如,肆虐新奥尔良的卡特里娜飓风,以及2003年造成38 000人死亡的热浪)。全球变暖带来的后果无以计数,其中就包括了海平面的上升、北极熊与其他物种的灭绝、疾病在各地区的传播(例如非洲高原,这些地区原先受到温和气候的保护)、荒漠化程度的增加、可饮用水的缺乏,以及冰川融化与洪水袭击的威胁。所有这些巨变都源于全球变暖,其根本原因就是与温室气体的排放有关。

温室气体(二氧化碳、水蒸气、甲烷)能让太阳发射出的(高频)紫外光线穿过大气层,并最终为地球带来温暖。但是温室气体却也阻挡了地球自身发出的(低频)红外线。所以,它允许太阳辐射穿过,并留存下所产生的热量,就像温室一般。

森林砍伐以及矿物燃料的燃烧增加了大气层中的二氧化碳含量,从工业化时代初期的百万分之280上升到2010年的百万分之390。从1850年开始,温度以每年平均0.8摄氏度的速度在增长。即使今天我们完全能阻止二氧化碳的排放,但由于海洋变暖,温度也仍会每年持续增加1摄氏度。

英国政府以及政府间气候变化委员会的报告(斯特恩报告)中曾详细描述了全球变暖所带来的效应。根据这些报告,如果我们仍按照过去的趋势来推断的话,到21世纪末,二氧化碳浓度将会从百万分之390上升到百万分之560。二氧化碳浓度的翻番会被看作是最大的可接受风险。如果超出这一临界点，那么就可能会爆发各种动乱。更有甚者，这种变化可能比预想的来得还要快。中国与印度重返工业化世界预示着二氧化碳浓度无须等到21世纪末，而是在2050年就能达到百万分之560的水平。除此之外，二氧化碳的排放还涉及一系列复杂的因素。海洋变暖更可能释放出其中的二氧化碳与甲烷气体。冰川融化还会减少阳光的反射，并直接导致全球变暖。

其他的诅咒

物种消失是人类世界的另一大问题。生态学家们曾警告说人类可能会面临第六次物种大灭绝。前五次灭绝都源于行星轨道变化、火山喷发、小行星撞击所带来的破坏。在最近的这次灭绝中，过去的2 000年里有将近1/4的鸟类物种从地球上消失，2/3的大型渔场被"完全开发、过度开发，并走向了消失的尽头"。

21世纪的另一大问题是水资源。当提到第一批农业社会的生态时，人们总是将其与河流的形成联系起来。这些河流有尼罗河、底格里斯河、幼发拉底河、恒河、长江。河流灌溉了邻近的土地。这些伟大河流中的一些河流如今已不再接连大海，更有一些河流的流量已在夏季急剧地减少了。尼罗河与恒河一到干旱季节更是发展为小细流。尼罗河在连接上地中海后，其流量实际上变成了零。如果苏丹与埃塞俄比亚决定增加他们对水资源的消耗量，那么他们与埃及之间的冲突就不可避免了。底格里斯河与幼发拉底河也有着同样的问题。土耳其与伊拉克建造的大型水坝减少了古老的"新月沃土[1]"的水流量，造成了90%大型湿润土地的毁灭，这些土地曾保障了两河流域三角洲地区的繁荣与财富。

水会随着蒸发与冷凝的自然循环而流动，又或是从地底下的化石层中来获得。但是，化石资源很快地就被消耗殆尽了。从现在到2050年之间出生的30亿人口中，绝大部分会生活在被过度开发的国土之上。印度西北部

---

〔1〕 现今的以色列、西岸、黎巴嫩、约旦部分地区、叙利亚，以及伊拉克和土耳其的东南部。由于在地图上似一弯新月，所以美国芝加哥大学的考古学家詹姆士·布雷斯特德（James Henry Breasted）把这一大片肥美的土地称为 Fertile Crescent（新月沃土）。

的许多村庄已然被遗弃了。千百万的中国西北地区村民，以及墨西哥特定区域的村民不得不因为水资源的缺乏而被迫流放。环境研究学者莱斯特·布朗曾指出："在中国，华北平原这个能产出国家一大半小麦与1/3玉米的土地上，水资源已较先前报道的数量急剧地减少了。"中国小麦与水稻产量的减少就与水资源的持续稀缺直接相关。

印度的情况也是如此，含水土层迅速减少，就像北部的古吉拉特邦那样，每年减少20米。莱斯特·布朗曾说："当这一危险爆炸，印度的农村地区就将会面临无尽混乱的命运。"印度会追随着中国的脚步，小麦与水稻的产量很快就会下降，所以印度的灌溉地必须产出上述作物产量的3/5，中国的灌溉地必须产出这些作物产量的4/5。

许多世界上最拥挤的城市都坐落于各大流域旁，因为这样人们就可以获取水资源。墨西哥城、开罗、北京等城市就无法增加他们的水资源，除非他们从其他流域或灌溉蓄水池获取。继中国与印度之后，第二批国家会面临严重的水资源赤字问题，如阿尔及利亚、伊朗、墨西哥，以及巴基斯坦。

农业仍然需要面对另一种庞大的需求，那就是全世界每年增加的7 000万人口，以及将有50亿人口消耗掉更多的动物制品。农民们会面临着可用灌溉水减少、全球变暖，以及燃料成本增加等一系列问题。1950~1990年，全球粮食产量每年增长2.1%，自此之后，粮食产量增长率下跌至1.2%。阿尔及利亚、印度、墨西哥已经开始进口大部分粮食。2007年的粮食危机只是暂时被次贷危机所掩盖，其实它提醒了人们在这一领域即将面临的挑战。

我们该做些什么？

我们该做些什么呢？该采取何种措施？由谁来领导？虽然我们对许多领域已经有了判断，但是如今的问题却是如何着手实施。十多年前，大多数国家都加入了一个国际条约，即《联合国气候变化框架公约》，他们"开始考虑该做些什么来减少全球变暖"。各国还签署了一个有关生物多样性的条约。与此同时，一个关于如何应对沙漠化的条约被起草建立，以帮助那些受到土地荒漠化威胁的地区，例如苏丹的达尔富尔。在1994年，针对人口与发展问题，开罗会议制定了一份行动计划来降低婴儿死亡率，并进一步控制人口的增长。这一计划号召各国自主地制定教育与医疗政策，包括计划生育，以及防止艾滋病等其他传染性疾病的措施。

所谓的《联合国千年宣言》[1]旨在将全球的贫困、饥荒、缺乏教育等问题在2015年之前减少一半（以1990年的水平为标准），并进一步提高"环境可持续性"。这些目标在2002年的蒙特雷会议中又被重申。该会议还达成了共识，即双倍增加公共资助来促进发展。然而，即便是有这些条约与意向申明，并且精确地判断问题所在并提供解决方案，人类世界始终在落实这些目标上大大地落后。

不久之后，人类开始应对臭氧层问题，这一点可以反映出人类对敏感问题的舆论变化之快。从一开始，就有科学报告研究了由氯氟烃释放出的臭氧层效应。臭氧层气体原先是用作制冷气体与气溶胶推进剂的。随后，化学市场的领导者之一，杜邦公司主席立即作出回应，认为这一研究的结果是愚蠢的。但不久后，美国国家航空和宇宙航行局的卫星拍摄到南极洲上方日益增大的黑洞影像，再次引起了全民的关注。同年，全世界召开会议并迅速达成了《蒙特利尔议定书》。于是，杜邦公司在意识到世界上还存在着诸多可能性后，它迅速地改变了立场。1990年，在杜邦公司的影响下，《蒙特利尔议定书》还加立了修正条款，比原先号召的内容更具限制性。

除了这一激动人心的案例之外，梦想与现实之间的距离仍旧是巨大的。《联合国气候变化框架公约》在1992年由美国总统老布什签署并获得了国会的批准。1997年生效的《京都议定书》号召所有富裕国家在2012年前减少8%的二氧化碳排放量。尽管美国总统比尔·克林顿签署了该项决议，但是国会拒绝通过执行。随后，小布什政府甚至还废弃了这项决议。美国现任总统在竞选期间倒是表现出十分愿意执行，但是至今也没有任何行动。

---

[1] 2000年9月召开的联合国大会上，联合国全体191个成员国一致通过一项千年发展目标。在联合国首脑会议上由189个国家签署《联合国千年宣言》，正式做出此项承诺。

新工业革命

经济增长的拥护者与经济衰退的支持者之间常会有激烈的辩论。如果经济增长的机制是要以最低成本来生产一定数量的产品，又或是创造出新的产品来改善人类的生活，那么经济增长就更像是一条出路，而不是一个问题。但是经济增长要变得对社会有用仍然有很长的路要走。一些对于现代经济增长的误解如下：经济增长不断地证明了工业化的生产力，并减少了生产商品所需的时间，最终降低了商品的价格。然而，商品的数量并没有减少。商品的价格降低了，但是商品还在迅速地被生产出来。商品价格下降的必然性解释了一种"一次性经济"的产生。曾经一个人一生只会拥有一只手表，那么现在他/她倒是可以买很多只手表来搭配衣服了。廉价的电子产品成为订阅杂志的附赠品，而这些杂志可能还没开刊呢。

但是莱斯特·布朗提出，这种"一次性经济"会与"地球的地质条件限制"产生冲突。移除城市地区垃圾的成本会激增。纽约作为第一批最好的城市，其垃圾废弃场一直处于饱和的状态。每天，纽约会产生12 000吨垃圾。这需要600辆拖车来将垃圾从城市街道上移走。在这样的情况下，越来越多的例子表明，商品价格比起它们造成的环境成本来得更低。莱斯特·布朗曾引用奥尔森·德尔利[1]的话来总结上述问题："社会主义的坍塌是由于它不允许市场反映最真实的经济情况。资本主义如果坍塌，那也是由于这一原因。"

为了控制上述的危机，首先要做的核心措施就是运用烟尘排放税来对污染者征税。这一措施被看作是与全球变暖抗争的一大行动。但是上述的征税工作需要严格的审计稽查。比起对特殊领域（如电力、交通、建筑、市政工程等领域）的环境不规范行为简单征税，这一稽查的代价有时要大得多。另一大首要任务就是压缩对环境破坏性活动的补助金，例如对蓄水层的过分使用、砍伐森林、过度捕捞等。

---

〔1〕埃克森石油公司的前任副总裁。

对清洁能源的投入是第二大方向。《斯特恩报告》的主要内容十分明确。越早将问题点明，我们所花的成本就会越少。根据该份报告，若每年持续投入1%的全球GDP，那么人类便可对抗全球变暖现象，但这一成果的前提就是要我们现在就立即采取行动。政府间气候变化专门委员会同样预测，推广最好的碳捕捉技术所需的成本可能不会很高。但如今看来，一些合理的行动只要没有及时实施，那么就可能会带来很高的成本。

其实比起征税、补贴、投资，我们要做的还有很多。为了成功，环境改革必须进行更多变革，且变革的数量要像新工业革命一样多。这是一种对经济增长的新思考模式。

举个例子，让我们假设人类预测到了石油消费的结局。如今看到的一些自然而然的改革现象，例如城市化进程，以及国际汇兑业务等都可能会在某一天，在石油资源的短缺与昂贵价格的双重压力下发生逆转。除了可预计的约束条件之外，货运与客运空中交通的无限发展使得新的航空器被生产了出来。通用汽车作为世界上最大的汽车公司曾在2009年宣布破产，一部分原因就是由于公司荒谬地在"运动型多用途车"上下赌注。

崩　溃

贾里德·戴蒙德在其2011年改版的《大崩溃——人类社会的明天》一书中分析了世界众多文明是如何向自身引起的生态灾难低头的。苏美尔人曾发明了第一代城市体与书面语，但是苏美尔文明却最终是一个失败的案例。由于灌溉系统的渗透作用，其慢慢提高了含水土层的层面。但当含水土层的层面上升到离地面数厘米的时候，水分又开始蒸发，使得土壤变得盐渍化，这类盐渍化的累积会影响到土地出产率。如今，苏美尔地区已变成了植被稀少甚至草木不生的地方。

玛雅文明也有着同样的命运。从其公元250年的繁盛时期到900年的衰退时期，玛雅的农业生产是精细与多产的。但是，砍伐森林以及水土流失却带来了粮食短缺问题，并引发了各城市间的内战，直到玛雅文明最终消失在世界的地图上。智利的复活节岛以及维京人的格陵兰岛也是被自身生态问题所摧毁的其他文明案例。

根据戴蒙德所说,这些灾难是源于人类的四大错误、四大无能。其中就包括了不能预见出现的问题、不能正确地识别问题、不能表达出解决问题的愿望、不能成功地解决问题。

人类已经进入上述的第三阶段。我们没有预估到问题的产生,可是我们已经确认了问题的存在。但我们还缺乏的是:第一,面对问题的集体意愿;第二,解决问题的期望与方法。从所有领域来看,如果想要达成新的国际标准,那么就需要更多的科学研究与政治决策方面的努力。

这里就有一个悲观主义的反例。600年前,冰岛就意识到了对高地草原过度使用的问题,这一问题会导致地区内原本就不多的植被逐渐流失。于是,农民们同意通过控制羊群数量以及制定配额来保存这一地区的发展潜力。冰岛最终战胜了生态危机。但是这一反例的悲惨之处就在于冰岛却没有从金融危机中幸存下来。波及冰岛的次贷危机恰恰反映出人类在预估系统性风险中的无能。

第十四章 金融危机

新金融资本主义

　　财富的创造需要原材料、劳动力与资本。全球化就赋予了我们对这些因素的地域性概念，如亚洲的劳动力、中东与非洲的原材料等。而资本仍是富裕国家的特权。用马克思的话来说，经济学中的资本概念有着双重含义：购买机械与雇用劳动力所需的预付资金，以及对生产过程的监督。上述理念始终被认为是深刻精辟的，但是其实践方式已经发生了改变。如今，资本变成了一种"非物质"商品。无形商品——研发、广告、时尚、金融等掌控了生产世界。

　　如果说贫穷国家在有形商品的生产中发挥着越来越重要的作用，那么富裕国家始终将手伸向了非物质商品的生产。举个有特色的例子，研发是富裕国家的特权，这一生产活动高达95％之多。人们尽可能地去调查并研究出治病的良方(如治疗癌症、糖尿病、老年痴呆症等)，但是由于缺少资金的投入，对于这些类似疟疾一样的疾病并没有得到相应的治愈办法。富裕国家的管理层认为，从事非物质生产并不会给世界带来任何好处。用经济学家的话来说，个人利益并不一定会和社会利益相一致。

次贷危机就是一个非常突出的案例。它表现出金融行业这一最高非物质生产领域的无能，同时让人们意识到了是非物质生产让世界陷入了这一危机。戴蒙德向我们展示了四大崩溃阶段：无法预见危机的到来、无法在遇见征兆后识别危机、无法对应对措施形成一致意见、无法落实行动来解决危机。下面，让我们一一讲述这一系列的可怕事件。

凯恩斯主义的危机

20世纪80年代这一放纵的时期打破了第二次世界大战后形成的老旧的世界规范与合作环境。在经济问题上，上述观点受到了"铁三角经济学家"福特、贝弗里奇与凯恩斯的支持。首先，福特主义[1]受到的挑战就是20世纪80年代的公司倒闭潮。20世纪40年代（见第九章），英国经济学家威廉·贝弗里奇提出了社会福利优先于社会团结的观点，此时恰好遇上战后繁荣后的经济放缓时期。最后，凯恩斯提出的观点又让人们对其本身提出了质疑。凯恩斯认为，资本主义的良好运行必须需要宏观经济的调控。然而这一观点最后也变成了一个陈旧的想法，直到次贷危机的突然爆发才使凯恩斯主义重拾了声誉。

对凯恩斯主义的质疑可以追溯到20世纪70年代。其爆发点就是第三次石油危机。石油输出国家组织欧佩克在1973年将石油的价格翻了4倍，并在1978年又使其翻了一番。这一惊人的涨幅将经济带入了邪恶的怪圈。然而，在一开始我们并不能够察觉到这一点。"滞胀"成为历史上史无前例的通货膨胀与经济衰退的结合体。这一现象只有在很久以后才被经济学家与政治家们所理解。因为自第二次世界大战后以来，他们已经深信凯恩斯主义的观点，并将其视为总需求不平衡的表现来试着分析经济周期。当需求疲软时，社会就会出现高失业率，而通货膨胀率就会降低；反之，当需求变

---

[1] 一种使工人或生产方法标准化以提高生产效率的办法。

得强劲时,情况又会恰恰相反——失业率降低而通货膨胀率升高。这一反比关系可以通过菲利普斯曲线[1]表现出来。

但是滞胀的出现却颠覆了上述的反比关系。事实上,这两种不好的现象(通货膨胀与失业)并不是不能共存的,它们确实一起发生了。理解这一矛盾现象需要花一些时间。它的产生并不是因为总需求的不足,相反,是总供给由于无利可图而变得骤然过剩。总供给的过剩先是由于石油价格的螺旋形上升,而后更是由于粮食生产力的枯竭而导致。如果只从需求角度来看,即使需求疲软,政府还是加快了价格的增长,同时也没有减少失业现象。例如法国政府当时就拥有了瓦莱里·吉斯卡尔·德斯坦作为右派代表,而弗朗西斯·密特朗作为左派的代表,其政府和所有其他政府一样都在尝试通过拉动消费来解决差劲的就业状况。

这一失败会给人类社会带来难以应付的挑战。于是,政治家和经济学家们在20世纪80年代根据米尔顿·弗里德曼[2]的思想提出了与凯恩斯相反的观点。他们倡导的是政府不再对经济事务进行干预,并且公开抨击福利国家是让国家丧失商业竞争力的元凶。人们曾认为经济市场是毫无破绽的,所以也将失业视为"自然而然的事"。在弗里德曼的眼里,由凯恩斯思想而来的经济政策无疑加重了所要面对的问题。凯恩斯主义的政策是不惜一切代价来达到充分就业,这触发并加速了通货膨胀,最终变成了一个需要花很大代价去控制的问题。

这些事件中起决定性作用的因素就是由保罗·沃尔克[3]发起的货币政策。为了打倒通货膨胀,他硬生生地减少了货币供给以刺激利率的增长。1982~1984年,在沃尔克的休克疗法下,美国的通货膨胀率猛然下降。尽管美国的这一货币政策可能会引来大规模的经济衰退,但是它的"公信力"最终还是恢复了,人们对货币也逐步恢复了信心。与之相反,人们对凯恩斯

---

[1] 该曲线以经济学家威廉·菲利普斯命名,他在1956年提出了这一发现。
[2] 来自芝加哥的大师,推行经济自由主义,反对国家干预。他的学派被称为新货币学派。
[3] 在20世纪80年代初担任联储局主席。

主义的信心却消失了。以上就是20世纪80年代新古典主义革命发生的大背景。

资本主义的新精神

从福特主义传统发展而来的工业资本主义在20世纪30年代经济危机以及冷战的阴影下开始繁盛起来。由于证券市场是这场危机和战争的始作俑者,所以其在1929年后在道德上和经济上都变得不再受到人们的信赖。公司董事们于是开始践行他们认为对公司好的政策,而不再顾虑股东的意见。这可以说是"管理资本主义[1]"盛行的黄金时期。与此同时,诚如哲学家彼德·史路特戴所说的那样,冷战也起到了一定的作用。这一时期,欧洲的劳动者们可以轻易地获得对自己需求的满足,"他们的丰衣足食让他们有能力去思考第二世界(苏联集团)的真实情况,并告诉这里的工人们社会和平是需要代价的"。

在20世纪80年代后,股东们决定要重拾权力的上风。他们参与到第二次世界大战后盛行的劳动力结构审查中,随后引发了对职业规划、社会福利、工会的一系列质疑。奖金代替了职业规划,经理们也拿着和别人相同的工资被短期性地派遣到业务前线,看着他们的工资变得和股票价格相挂钩。由于他们现在与股票市场紧密相关,所以他们愿意服从这项命令。这是一种资本主义的死亡,也是另一种资本主义的新生。

新型"股东社会"的标准包括减少企业在其具有"核心竞争力"的单一领域内的活动。其余的一切都应该交给市场来解决。公司职能的外包成为潜规则。在20世纪50~60年代的业务背景下,餐厅服务、景观美化、清洁、会计服务都由公司的职员来负责。而如今有了外包,这些服务都不再由公司内部提供了,这就将外包服务竞标者们引入了竞争之中。于是,伴随着信息与通信技术革命的加速发展,我们正朝着公司没有任何职员的方向在前进。全球化给我们带来了更激烈的竞争与更廉价的劳动力,这一转变逐渐达到

---

[1] 强调CEO在企业至高无上的地位。

了高潮。国内外包服务为人们提供了去国外工作的机会。但是，历史还是告诉我们，资本主义的内部重组是先于全球化而发生的。

金融市场

上述改革同样颠覆了金融市场本身。许多金融中介机构在1929年危机后成立，但仍处在缺乏监管的情况下。这一新的体系有时被称为"影子银行"，它几乎是在20世纪80年代从零开始发展起来的。就在美国次贷危机爆发的前夕，这一"影子银行"体系已达到了传统银行业10万亿美元的收入规模。"影子银行"包括了投行、对冲基金、私募股权基金（赊购非上市股票的机构），以及保险公司。为了从这个新型金融市场的机会中获得利益最大化，各大银行创造出了史无前例的特殊投资工具来作为表外业务。通过运用这些专设工具，银行得以从严格的审慎监督中逃离出来。它们可以通过"杠杆效应[1]"来将利润最大化，并且可以不用自己的资金。

金融市场用自己的方式构建了华尔街的新梦想——替那些"既没有工厂又没有工人"的企业编造故事。传统银行必须不断地从各大分支行处吸收存款。它们必须对消费者进行调查来了解他们是否有贷款需求，并承担违约的风险，在贷款期间不断地跟进客户直至贷款到期。但是，现代金融业却想从这些痛苦的业务中脱离出来。坐在各自的电脑前，交易员和其他工作人员只需要通过市场便可融资，但他们却忽略了向中小投资者吸储的限制。不同于发放贷款，交易员们会将贷款"证券化"，意思就是将金融资产重组后再以新的形式投放给市场并出售给其他投资者。于是，这一全新的体制把商业银行履行的传统职能（吸收存款、发放贷款等）都变得具体化了，并以金融工程这一专业技能来开拓市场。所有的一切都已具备，就等着迎来金融史上最惨烈的失败了。

只有一种创新可以被视作是具有灵感的。为了使房地产贷款更具吸引

---

[1] 运用负债筹资方式来获得高收益。

力，华尔街的"火箭专家们"[1]一起将抵押放贷者的资产组合分成几部分。最好的资产部分会先被偿付，其次是第二好的资产，以此类推，最差的那部分就会面临潜在的违约风险。于是，"火箭专家们"创造出了多样的资产组合并引起了投资者的广泛兴趣，其中就包括良好的养老基金组合，又或是风险资产的对冲基金等。银行在账面外仍持有那些无人问津的不良资产。"次级贷款"最终在1983年被通用电气旗下的一家子公司发明出来，但在最开始，它是为了普通借贷者而发明的。除了1994年的危机之外，这一发明在21世纪十分盛行，它拓宽了老百姓借贷的范围。工薪阶层中最弱势的阶层，那些信誉最不好的"次级借贷者"终于找到了贷款的途径。华尔街解救了哈莱姆区[2]的人民。但是这个看似童话的故事最终却以悲剧收场。

次贷危机由于数起惊人的延期事件而引起。首先，危机的上层因素被迅速地揭露出来。即使将新的客户纳入考量范畴，贷款的质量也已严重地恶化了。客户的偿债能力被金融中介机构系统性地高估，这些中介机构也因此而被后世诟病。通过贷款证券化，最初的信贷方迅速地将信贷重新卖给了金融市场。这一买卖行为的原因已经完全地发生了改变。他们看重的只是营业额，而完全没有把客户信誉质量纳入考量范畴。在知道贷款会立即通过的背景下发放贷款，这与创造一种需要去讨回借款的贷款是完全不一样的。除了失职之外，这一行为更是一种欺诈。一些出借方人为地抬高了其客户的偿还能力，以此来增加他们的业绩。

对证券质量的不信任还源于对风险测量方法的质疑。在评级机构的帮助下，投资者们制造出了潜在的零风险工具。为了做到这一点，他们使用了复杂的数学模型来预测各种信用贷款的违约可能性，于是那些最没有风险的部分可以被提炼出来。虽然这些模型在日常使用中是很有效的，但是根据《经济学家》杂志报道，它们也使高盛公司最终关掉了一个曾被预测违约概率非常低的基金公司。

---

〔1〕 股市分析高手，穿梭于金融市场的行家里手（指利用不同市场、不同货币等之间的价格差额牟取利润的人）。

〔2〕 美国纽约市曼哈顿岛东北部的黑人居住区。

于是，金融市场开始尝试流通"虚假的金融货币"，即那些未被验证质量的金融证券。这种随便的行为和这种盲目的风险，最终成为金融系统崩溃的必要条件。

贪　婪

马克斯·韦伯曾在其1904年出版的经典书籍《新教伦理与资本主义精神》中解释道，资本主义的特点并不是贪婪以及对金钱的渴望。如果是的话，那么资本主义早就在中东的腓尼基商人中发展起来，又或是在威尼斯的香料商人中推行。但是，资本主义却出现在了英国，随后在美国和北欧发展起来。虽然韦伯曾认识到贪婪是人类活动的一大基本动机，但是他仍维持着一个观点，即资本主义让贪婪的人性变得更理性化，建立起了信任与契约的关系，并通过规则、法律、"责任伦理"重新平衡了贪婪的人性。

金融变革则证明了韦伯关于资本主义的想法是多么的不堪一击。20世纪80年代出现的新资本主义精神的一大显著特点就是社会不平等的过度增长。托马斯·皮克提与伊曼纽尔·赛斯曾通过数据表明，美国的前1%富人重拾了他们在20世纪之交的富有地位，尽享资本主义黄金年代带来的发展。如今，他们拥有着超过20%的国家收入，而在战后时期他们仅仅拥有7%。这一点确实显现出了"疯狂金钱"的支配力量。

根据《金融时报》的报道，在次贷危机前的3年里，大型金融公司的首席执行官们的收入累计将近1 000亿美元，而他们对民众造成的损失却总计高达4万亿美元。这一"颠倒"的杠杆效应生动地表现出了运行机制的漏洞百出。

交易员与金融家们通过贷款方式投入资金来增加交易数量，从那时起就产生了一种悖理动机。如果信贷带来了利润，那么交易员与金融家们会偿还贷款并将收益与投资者们共享。如果这一投资变成了"不良信贷"无法偿付，那么所带来的损失将全数归于放贷者。但是，当投资者并没有带来任何自身资本的时候，这场金钱游戏就变成了"正面我赢反面你输"即无论如何都是我赢的局面。对那些赚1 000亿却输掉4万亿的金融家们,结果总是好的。无论在事后做些什么,这些损失永远不可能被私有化,例如让那些始作俑者们个人偿还对社会带来的损失。

美国经济学家与专栏作家保罗·克鲁格曼将金融领袖的态度归结为"过分乐观"。伏尔泰的英雄邦格乐斯深信"不管在哪儿都会有十全十美存在"。交易员们也是如此,他们只看见了事物美好的一面而忽略了风险。他们也不是目光短浅地去看,而是理性地看待,因为报酬的原则就是不对称的。如果赢了,那么他就赢得了一切;如果输了,他可能会丢掉工作甚至他的整个职业生涯。但是,他所承受的损失远远不能与他对别人造成的伤害相提并论。

并不只有金融市场的操作者陷入了这场纷争。老百姓们同样被诱导去进行具有风险的活动。在美国,由于房价的上涨,宽松的协议让他们可以实际增加自身的贷款。房价的每一次高涨都是他们重新制订贷款计划的时机,他们会尽可能地获得最高的信贷,并且消费更多。

一个令人惊叹的数据表明了美国人民对消费的渴望。即使在20世纪90年代与21世纪间收入不平等现象一直在增长,我们也没有发现消费不平等性在增长。信贷代替收入成为经济增长的一大助力。于是,次贷危机是社会病态行为的一种表现,人们忘记了真实性原则而生活在一个充斥着虚拟资本的虚拟世界里。

只要资产价格持续上涨,这所有的一切都不是问题;但一旦资产价格下跌,经济就会坍塌。当老百姓们的贷款数额高于所买资产的价值时,他们不再还贷,除非他们能获得新的再贷款资金。就像金融机构投注风险一样,美国人民也忽略了风险的循环。当房地产价格最终开始下跌,那些金融业盲目乐观者制造的无法实现的计划只能最终崩塌了。

崩 塌

当次贷危机在2007年的夏天爆发,美联储主席本·伯南克无疑成为那个最适合担任该职位的人选。伯南克曾撰写学术论著来明确表明美国货币当局对20世纪30年代大萧条负有责任。从危机一开始,他就毫不犹豫地向经济市场注入了大量流动性。在援救投行贝尔斯登以及抵押放贷机构房地美和房利美的行动中,他丝毫没有退缩。

伯南克从前任主席格林斯潘处承接来的是一个烂摊子。格林斯潘坚信通货膨胀的风险已经被完全根除了,所以他在任期内(1987年8月至2006年1月)推行了宽松的货币政策,反过来他也造成了互联网泡沫和房地产泡沫。在他的领导下,金融市场以信贷为生,在次贷危机爆发之前一度繁荣。

即使伯南克在他的著作中没有再犯这样的错误,但他同意雷曼兄弟在2008年9月15日星期一宣告破产,这激起了股市的剧烈震动并继续引爆了危机。所有公司的财务主管都意识到他们在过去年份获得确保的贷款再融资如今已不再有保证了。企业开始清算库存,减少投资。各家庭的道德底线也被打破。

回忆起米尔顿·弗里德曼对20世纪30年代危机的解释,即银行倒闭是危机的真正原因。如今,人们采取一切措施来拯救处在危险边缘的银行。在保尔森的经济稳定紧急法案下,7 000亿美元被迅速投入到市场中以避免更大的灾难,这更激化了公众对银行家们所作所为的反对情绪。"华尔街被广大民众的大街所拯救。"这一切展现得就像一家单一银行的倒闭就能带来三十年代美国银行的倒闭潮一样。整个金融市场从第一块多米诺骨牌的倒下起就开始崩塌。

然而,最近发生的危机还是可以用凯恩斯理论来解释的。诚如1929年的危机一样,汽车行业在2008年的一片繁荣中开始倒塌。通用汽车倒闭,日本丰田宣告了其历史上的第一次业务亏损。其他大型领域如房地产行业也受到波及,就像20世纪30年代那样成为危机的始发点。那些被凯恩斯主义激发的人曾解释道,家庭住户的减少以及商业开支的减少促使了乘数效应的产生,并扩大了危机范围。如同20世纪30年代一样,世界贸易的坍塌残忍地对处在紧要关头的各国起到了反作用。

危机的教训

凯恩斯与弗里德曼之间的辩论不仅仅是是否要拯救银行或者是否要刺激消费那么简单。在危机最严峻的时候，我们很清楚地知道这两者都必须同时进行。真正的争议在于市场经济的本质。弗里德曼认为在独立的情况下，市场经济可以自我调节、自我维稳。但是他又同时提到一个矛盾现象，即事实上政府行为是一大不稳定因素。

而凯恩斯的想法却截然相反。他麾下最聪明的评论员之一，阿克塞尔·莱荣霍夫德曾用"走廊"这个比喻来总结凯恩斯的观点。为经济带来充分就业平衡的因素能够以预定方向发展，但是内部却蕴涵着信心的"走廊"。当经济放缓时，在特定情况下，市场可以等待储户们通过取现来维持消费，等待企业从利率下降中获利再投资，等等。但是一旦超过危机的特定标准，经济就会像冲出道路的汽车一样不再能回到其"自然"状态了。经济的天平一旦出现倾斜，那些经济发展的驱动力就会逐渐变成加剧危机的因素。面对着经济的下滑形势，老百姓们情愿储蓄而不消费，企业停止投资而不是加大投入。恐慌到来，大多数脆弱的金融机构相继破产。经济运行的规则开始变得病态。

次贷危机对那些想要遗忘凯恩斯理论影响力的人来说是一个提醒。虽然政府当局眼巴巴地看着雷曼兄弟倒闭，但要是没有他们的果断干预，类似1929年的金融危机还会一步步地接踵而至。在金融改革后的不到25年里，人们认为市场可以"忘记'1929年的教训'"，然而危机又以相同的面貌重新袭来。如果世界只剩下"人人为己"的思想，那么这一世界是一个必须要忘却的海市蜃楼。金融改革的25年后，资本主义必须照顾好它的伤口并且重新思考市场的准则。凯恩斯的道理重回了我们的脑海里。

我们从次贷危机里学到的教训远远不止对国家角色的重新发现。世界经济体系崩溃的传播速度证明了要事先设想到系统性风险是无比艰难的。它也表明了要在事后重新吸收这些风险是多么的困难。

安德鲁·弗霍尔丹曾负责英格兰银行的金融风险控制。他在金融市场与电网之间提出了一个有趣的对比。供给和需求之间的相互联动解决了它们之间的局部失衡问题。如果一个电路网络面对着过度的电力需求,那么它可以依靠其他电网来提供电源。供给和需求之间的联动是缓冲器。但是一旦超过了一定限度,负面效应就会产生。如果发生了本地故障,即使是很小的那种,那么也会将电网置于险境之中,并让那些即便是很远离故障源的地区也进入黑暗。

弗霍尔丹在同一篇论文中还提出了一个颇有启发性的对比——金融危机与流行病。生物研究与流行病学研究都表明当系统复杂性伴随着多样性缺失共同出现的时候,危机就会变为毁灭性的打击。一项数据研究表明,40%的鱼类已经在地球上消失。在那些具有同质性资源的地区,这一比例攀升到了60%,而在那些具有高物种多样性的地区,这一比例仅为10%。同样,在那些近亲乱伦的家庭中,残缺是常见的问题(例如陷入不孕不育的哈布斯堡王朝)。通过与其他种类互动并多元化其基因遗传,每一个物种都可以对疾病威胁免疫。可以说,多样性是风险的减压器。

那么对于金融市场来说,统一行为是一种规则。所有的参与者们都希望做一件相同的事。信用合作社希望发展成为银行,商业银行希望变成投资银行,投行希望变成风投与对冲基金。从行业外来看,没有任何人能够评判金融机构所用的策略是否合适。所以,所有机构在同一时间都因为同一种病症而死亡。

这就是我们所处的世界。如今,全球的资本主义像某种文明一样代替了所有其他体制的存在,但却缺乏外部监管来判断其适当性。经济与文化的交互成为世界运行的法则,但这也会将每个人置于全球体系运行紊乱的危险之中。

第十五章 无重量经济

新经济

在当代资本主义异于常规的特点中,次贷危机突出了公司董事薪酬的重要性。他们的薪酬像摇滚明星那样多,所以此次危机承担了由于过分乐观而带来的疏忽性风险。在大多数评论员的眼中,"贪婪的帝国"毫无疑问地应该被监管。如果这仅仅是金融问题,那么解决问题的方法是很简单的,即对金融行业参与者实施非常严格与谨慎的标准,无论是表内业务还是表外业务。但其实监管问题范围更广,同时另一大有关重量经济的转型正在发生。此次次贷危机只是以下现象的一个早期表现,这个现象就是非物质化经济与无重量经济的出现,也可被称作是人类进入了信息网络与通信技术的世界。

"新经济"一词指的是对经济常用模式的彻底改革。亚当·斯密与卡尔·马克思对此进行了研究(见第五章)。斯密解释道,如果捕猎雄鹿的时间要比捕捉海狸的时间超出一倍,那么前者的成本在平均程度上肯定是后者的两倍。"新经济"的特点就是拥有正规组织下的非典型成本结构。一个软件的设计很昂贵而生产却很便宜。一旦"视窗"[1]操作软件设计完毕，那么它的制造成本可能只会有微小变动。这一推论同时适用于传媒行业。例如，一部电影的制作成本高昂，但是其重新上映的成本却不会很高。更普遍的情况是，信息内容（无论是以数字编码形式还是以符号、分子形式出现）的构思要比其实际存在形式昂贵得多。

在这一"新经济"的环境中，商品制造的第一个环节是最麻烦的，第二个环节（和以下所有的环节）的成本都非常低（有时在一些极端情况下成本为零）。用亚当·斯密的话来说，我们不得不承认，那些花在杀死第一只海狸或第一只雄鹿上的时间即寻找它们是否已钻入地下的时间就是所有的成本。与此同时，用卡尔·马克思的话来说，我们必须承认剩余价值的来源并不在于生产商品的投入时间，而是在于商品出产后所发生的一切。那些生产商品的人不再是（可观）利润的创造者，他们恰恰成为成本，那么也许这一职能应该被外包出去。

一个典型的案例就是制药。在这一领域最困难的事情就是去发现各种药物成分。从非注册药品的价格就能看出，制药的成本要远低于研发费用的摊销成本，这些摊销成本也会随之加入到注册药品的价格中去。

这一模式同样存在于工业企业。在广告宣传活动中，法国汽车制造商雷诺公司这一过去工业社会的标志性企业如今想要让自己呈现一个汽车"构思者"的形象。事实上这一法国公司现在已趋向于生产越来越少的自主品牌汽车。在20世纪50年代，雷诺生产了经销商手中80％的汽车。而如今这一数字已降到了只有20％。基扬古尔[2]的"科技城"就是雷诺最大的"工业化"基地，但是这一基地只是为了商品制造的第一个环节而设。我们是否能够相信一个让经济变革变得典型化的趣闻，即大众汽车巴西地区采购主管为他的公司成功地外包出大部分生产业务而沾沾自喜，这使得其德

---

[1] 微软公司生产的"视窗"操作系统。
[2] 法国中北部法兰西岛大区伊夫林省的城市。

第十五章
无重量经济

国总部只能做出他们认为最好的决定——将公司的汽车商标放置在车辆的前方。在全球化的时代,企业想要重新定位自己的运营范围,并寻找出消费群体最大的产品方向。在无形商品的生产中,成本都用于产品制造的第一个环节或是打造品牌之中,所以其获利要远远超过那些真正的生产制造产品。

"后工业化"社会将两大截然相反的词语联结在了一起,其一是(无形)商品的概念,其二就是前者的规范即商品化。药物中的化学方程式就是无形的。那些能够开出正确药方的医生们所处的行业曾被富拉斯蒂埃用理发师的比喻来形容。这是一种近距离性的职业,不可能依靠自动化或远距离来完成。理发师、医生、修理工这些领域都没有受到全球化的影响,因为这些工种都是与客人面对面进行的。相反,无形产品的创造者却立即投入到全球化的进程中去。原则上,任何具有专利的药物产品都会使人产生想要治愈所有人类疾病的使命,而远远不止是从实验室中发现它而已。

面对面的工作仍然属于斯密主义与马克思主义经济定义的常见经济秩序。生产商的市场份额越大,那么他就越容易摊销所有新产品设计的成本,他也将会获得更多的利润。"新经济"的出现就是让经济从过去收益递减的(农业生产)时代步入固定收益的(工业生产)时代,最终进入效益递增的(无形商品生产)时代。需要注意的是,这三个发展方向都是同时存在的,在每一个阶段经济都会牵涉到农业、工业,以及后工业化社会。农业与工业始终要依靠科技的创新来获得进一步发展。当前时期,新的现象就是科技进步获得了自主的力量,并将一个负责任的态度传播到了其他领域。

"新经济"有时会使人联想到一些概念,即更好的信息传播、更低的进入壁垒,以及对经济参与者更大的压力。然而,其运营者都想要发展为全球的垄断者。这里就有一个有趣的对比——农业生产所获得的财产收入与最先进科技所带来的财产收入。基于收益递增的规律,市场内的主导型公司将其他公司远远地抛在了后面,并且这些公司会建立其牢不可破的领先地位。微软、苹果、谷歌主导了科技市场,因为他们如今还在其对手的竞争范围之外,尤其是那些欧洲的企业。这都要归功于那些使企业失误地推行了集中化的理念。现在,我们了解到了究竟是什么让无形商品的生产成为富裕国家的相对优势。

欧洲的落后

李约瑟提出的问题(为何中国没有诞生像牛顿或伽利略一样的人物?)如今已变成了如下的这个问题:为什么优秀的大学和最好的实验中心成为富裕国家的特权,尤其是其中最富有的美国的特权?

让欧洲人意识到美国的至高地位,这只需要让其早晨在办公地点打开电脑,又或是让其在晚上回到家后打开电视就能领会到。从"视窗"软件到美剧《24小时》与《绝望主妇》,非物质性的全球化进程主要表现为英语。21世纪的全球化是硅谷技术、华尔街监管标准,以及好莱坞电影的全球化进程。

面对着美国的卓越表现,欧洲毫无争议地陷入了困境。虽然欧洲在制药领域还是保持了领先地位,但是在其他所有近代发展领域(如计算机、纳米技术、生物科技领域)里,它全线地落后了。诚然,用罗伯特·索洛的话来说,它还是一个富饶的大陆,拥有着巨大的内部市场和无数的"机器人"。那么它为何会落后呢?

欧洲的第一个问题就与教育和研究机构有关。(在全球化时代)知识的创造需要强大的大学机构来让研究者们远离实业家们的短浅思考方式,但同时也不让他们忽略了经济的真正需求。在工业革命之前的"漫长中世纪"里,欧洲联合了内部所有国家并达成了思想上的统一与文化的共享。而如今,欧洲运行的情况却恰恰相反。各民族国家希望合作,但是欧洲的研究却仍是各国研究的混合物,其总体价值还不如其他部分研究的总和。甚至连布鲁塞尔当局在分配欧共体资金时也还是十分注重所有国家之间的平衡。与此同时,欧洲也无法创建出与顶尖美国大学研究机构相媲美的欧洲研究中心。

美国至高地位的另一大表现与国防部的角色有关。这一机构是创新竞争的直接构建者,它同时资助了一些非常应用型的项目与一些奇怪的项目。

国防部让研发成为战争的支柱，而研发本身也变得虚拟与无形，它不断地促使美国科技领先于其他国家。科技帮助美国建立起全球军事强国的角色，这也是欧洲所望尘莫及的。

历史学家与外交政策评论员罗伯特·卡根身处新保守主义圈子，他将欧洲与美国之间的对比描绘成火星与金星之间的对比。他解释道，美国处在火星（战争）的那一方，而欧洲处在金星（爱）的那一方。这一形象激怒了许多欧洲人，因为他们更愿意欧洲的军事力量能够让其像美国一样拥有主导地位来参与到国际事务中去。

这一对比足够真实地描述了两大国家各自扮演的角色，但却没有任何谦逊的意思。即便欧洲人不想承认，但是他们还是深知他们曾经开辟的发展道路最终将通往何处。欧洲是世界上唯一曾到过历史尽头的地方。美国人忽略了又或是有意遗忘了西方历史的悲惨命运。他们从18世纪离开了欧洲，带走了几个世纪发展而来的哲学，并十分坚定地保持着乐观心态来看待人们摆脱迷信、理性构建社会的能力。

美国人几乎对19世纪浪漫主义作家的哀怨并不感冒，他们始终坚定地认为新的永远比旧的好，这是显而易见的。美国人觉得很难用语言来安慰那些正处在悲伤与困境中的国家。塞缪尔·亨廷顿曾写道："中东地区的某处，会有五六个年轻男人打扮得光鲜亮丽，身着牛仔，喝着可乐，听着说唱音乐，他们会参拜麦加[1]，随后带上炸弹去炸毁美国的飞机。"此处亨廷顿想要传达的是世界其他地区对美国的看法与模糊情绪，而美国却难以理解这一点。

在网络世界畅游

美国的成功对于科技或金融领域来说就像是文化领域中的特有专利，因为它们有一部分原理是相同的。多亏了国内的巨大市场让美国拥有了一

---

[1] 沙特阿拉伯西部城市，伊斯兰教创始人穆罕默德的诞生地，伊斯兰教的精神中心。

个强大的内部信息筛选体系,它让信息变得最有吸引力。在理清了这些信息之后,美国的出版商与生产商们就会随即向国际市场传播美国最好卖的商品信息以及时下最火的作品。

文化产业(电影、电视、音乐、书籍等)为人们了解信息与通信技术的网络时代如何运行提供了一个绝佳的窗口。根据弗朗索瓦丝·本哈默的研究,文化产业是基于"星级制度[1]"原理来运行的。这是一个人们对各种理念持开放性态度的世界。事实上,无论是电影、音乐、书籍,或是展览,只有一小部分作品能吸引到投资。人们总想要看到、听到、读到相同的事物。这主要归结于以下一些原因。

当信息变得泛滥的时候,模仿行为成为选取相关信息的最好办法。(如果一部电影大卖,那么肯定是因为作品很优秀。)一个人对于社会关系的诉求就是想要和别人看相同的电影或电视节目,以便第二天可以一起讨论。最终就是由于这些原因,促销手段促使投资者们将一切资源都压在了这个热卖产品上。

星级制度对于一个艺术家的地位和报酬都有着直接影响。从另一个领域借鉴来的例子可以帮助我们理解这一点。斯蒂夫·列维特与斯蒂芬·都伯纳曾在他们2005年出版的《魔鬼经济学》一书中提出一个问题:毒品贩子为什么会和他们的母亲一起生活?答案是他们别无选择。帮派的首领赚了很多钱,但他的手下却生活在贫困潦倒之中。他们为什么要做毒品贩子呢?因为他们也想要成为老大。这一现象同样是如今创意产业所拥有的报酬模式。除了明星之外,艺术家们大多生活得不尽如人意。然而他们每一个人却都接受了这一点,因为他们期待有一天可以成为明星。在星级制度里,赢家总是拿走了一切。这就解释了为什么老板们过着充满名牌和名气的日子,并认为他们按照一定规则拿到固定收入是"公平的"。他们忘了约翰·皮尔庞特·摩根曾说过的话,那就是如果公司总裁的收入要是比其员工高出20倍,那么这家公司是不可能会成功的。但是如今,公司首席执行官的

---

[1] 任用知名人士的制度,用名演员来获得高票房的做法。

报酬已然达到了其职员收入的 200 倍!

在文化领域,世界组织给好莱坞以及其他民族产业[1]安排了共同承担的任务。好莱坞负责制作"普适性的"主题(金钱、性爱、暴力)以供全世界人民观看。各民族的制作人又以更低的成本制作了反映民族伟大现实主题的作品来弥补好莱坞的缺陷。我们欣赏法国女星苏菲·玛索,因为在她很小的时候我们就已经认识她了,她已成为民族电影文化的一部分。我们也尊敬阿尔·帕西诺与罗伯特·德尼罗,他们就像奥林匹克之神一样,远非普通人类,仿佛不可亲近。那些中间等级的明星,例如欧洲明星就不可与他们相提并论。文化产业世界遵照的是双重模式,即无限靠拢或无限远离。文化的全球化可以被总结为各民族制作人与美国制作人之间的斗争。对"全世界"开放所带来的害处要远比那些笼罩在国民制作事业上的威胁可怕得多,因为其在本质上就是意味着从美国进口。

图书出版并不是最高科技的领域,但它却是展现工作流程的绝佳范例。在法国,40% 出版的小说是由翻译而来,其中 3/4 是英语版。这一现象还出现于音乐与电视领域。法国的"黄金档"电视节目是以法语为主,但是一些为国外朋友制作的节目几乎还是以美国为主要对象。

马尔萨斯原理之死

世界上古老的经济原理——马尔萨斯原理即将走向破灭的终点,这一形象已然深入到全球化的进程之中。人口模式的转变让人们停止了将出生率置于人类命运之上。这似乎与电视传播了"美国"女性的典型自由形象直接相关。联合国专家预测,到 2050 年全世界以及西方世界的大部分女性将平均生育 1.85 个小孩。这些专家还表明,上述现象似乎可以通过文化行为的传播来解释,而不是任何"成本/收益"分析可以导致的。经济学家们的观点是人口过度来源于新的物质条件,那些愿意工作的女性生的孩子更少了,但这一点在事实面前似乎并不一定是决定性因素。举例来说,我们可以在

---

[1] 由美国经济学家泰勒·科文提出。

城市、乡村见到这些职业女性或非职业女性。在任何地方，人口行为总是先于物质现实而存在的，这还要多亏了意象的世界。

事实上，比起收入水平和教育水平，电视机的数量在人口下降过程中似乎是一个更直接的决定性因素。人口模式的转变更迅速地在巴西发生了。相较于墨西哥这一更看重计划生育的国家，巴西是电视肥皂剧的消费大国。在亚洲，年轻的妇女模仿着年轻的日本女性，而日本女性又是在模仿着美国女性。在从乡村的马尔萨斯主义世界向现代化城市世界转变的过程中，人口改革本身就是一个重要的部分。社会发生转型的原因是发展中国家受到了意象和电信通讯的影响，这一点令人吃惊并且非同凡响。

然而，虚拟世界并不总是好的。网络世界是一所建立在梦想生活与现实生活之间、虚拟暴力与真实暴力之间的精神分裂学校。与电子游戏相比，正常的生活规律对青少年来说似乎是难以忍受的。当你无法再挑战万有引力定律时，穿马路就会变得很无趣。当然，每个地方的年轻人都必须做好准备去学习这个地球的新规则、新限制。罗马帝国的陨落就是因为对于生产世界的"认知冷漠"。如今，人类的赌注就是去维持网络世界与现实之间的联系，并且维持其现实限制。许多年轻人赞扬了美国前副总统戈尔拍摄的有关全球变暖的影片，他们中也有许多人通过网络加入了非政府组织的活动。对他们来说，虚拟与现实之间的联系是显而易见的，一种新的心理建设让他们得以将虚拟世界与生态系统紧密相联。就是依靠于这股反思的力量，21世纪的未来才指日可待。

结　语

从地球初始的第一缕曙光照进人类世界开始，人类一直游走在一条紧绷的绳索上，每一头都有一股相反的力量存在。人类的数量从未停止过增长，并且常常会遭遇土地的稀缺问题。人类还创造了一定数量的发明，并不断地通过突破知识范畴来进行他们的事业，但这也增加了人口密度以及社会生活的复杂度。有时候，一些文明会因为向错误的方向发展而灭亡。我们无法得知究竟是发生了什么让他们消耗殆尽，无论是以缓慢的(如罗马帝国)还是突然的(如玛雅文明)方式。对于这些文明的遗忘有时让我们认为人类总是可以安然渡过难关，但是我们却忽略了那些失败的案例。

仅有一次，人类历史中发生了史无前例的知识生产跃进，这使得一部分人长期获得了知识的极大丰富。12世纪~18世纪，永久增长的可能性在欧洲或其他地方被发现，这为人类带来了财富自我催化、自我产出的过程。这一过程如今已传遍了整个地球，让人们不禁想起了"世界西方化"这一词。

初看之下，物质繁荣是一个意料之外的礼物。它让饥饿消失了，让预期寿命延长了，让生产有用产品的工作时间减少了。但是从道德情操的角度来看，物质繁荣是一个矛盾的礼物。它平息了社会，但也只是维持一会儿，直到社会改变了其向上发展的需求。普罗米修斯的生产力会永远被其弟媳潘多拉的贪婪所抵消。那些从课本上的"和谐贸易"美德而来的社会形象经不住考验。经济的发展绝不会根除暴力。从16世纪的宗教战争到20世纪的世界战争,暴力还是大部分被限制了,而不是被放任。

如今已经到了新兴国家开始沿着悬崖走向工业世界与城市文明的时候了。为了达到这一目标,他们必须缩短过去欧洲国家用几个世纪来发展的时间。在柏林墙的倒塌后所爆发的暴力事件集中表明了人类需要发泄的怨愤与仇恨。(用亨廷顿的话来说)这场暴力事件的爆发与"文化"无关。早在毛拉[1]以前,德国作曲家理查德·瓦格纳就已经公开地将"巴黎、欧洲、西方"批评为"腐败、商业化、毫无价值的世界,而德国却由于满足于陈旧现状还未发生这一点"。面对着当前的世界,欧洲始终很难认清自我。

但是近代的历史只是一种重复。通过新的技术,它开辟了一个新的前线,即网络世界。从前真实的战争变成了虚拟的战争。"第三次世界大战"——冷战最终由美国人获胜,而他们也已进入到新的后工业化世界。由前总统罗纳德·里根发起的导弹防御系统是一个典型信号,它告诉了苏联:"你已经在这场战争中被打败了。"苏联深知他们无法应对这一新的挑战,所以在毫无挣扎的情况下就解体了。

2001年9月11日的恐怖袭击同样属于第三种暴力的范围。罗贝尔·穆尚布莱曾分析,袭击的目标在于攻击臆想的世界。通过象征性地袭击华尔街与五角大楼,并让数以万计的观众目睹这一刻,基地组织向美国似乎唯一重要的虚拟世界宣战。2001年恐怖袭击的策划本身就像一部好莱坞电影。第一架飞机撞击双子塔保证了第二架飞机的撞击能被全世界的人所目睹。基地组织的恐怖主义是残忍的后现代主义。它身处由网络创造的虚拟世界。"恐怖主义网络"这一专有名词体现了全球化进程的一个全新方向,即用网络连接起全世界的各个网点。基地组织完美地实现了这一点。无论是住在古吉拉特邦,或是住在印度与巴基斯坦边界,还是住在法国郊区的所

---

[1] 伊斯兰教神学家。

有年轻穆斯林小伙都发现他们属于一个虚拟的群体，这一群体让他们意识到他们是各自国家里受苦受难被剥削的少数群体。

用新的话来说，在网络空间里提出的问题永远是相同的，即人们之间存在着什么，什么是个人的部分，什么是集体的部分。而新的全球通信世界重置了人类用来对比自己的参照对象。开心不再意味着比别人的妹夫赚得更多。如今，人们开始与其他网络群体相比，这些群体虽然天各一方但又在虚拟世界里紧紧相邻。年轻人在"脸书[1]"上夸大自己，他们已学会如何用自己的方式来学习这一全新的领域。梦想着成为明星，于是他们具有控制力地重新调整了自己的参照群。

9·11事件证明了网络世界暴力的凶残比起其他暴力毫不逊色，但是它也不是最严重的那个。新的全球通信时代提出了一个集中的问题，那就是人类是否能够解决21世纪的主要问题——如何应对预见到的生态危机，以及如何改变西方社会的消费理念来使其兼容于其他国家。

在这个漫步于网络世界的时代，人类应该达成一个认知，这一认知与新时期革命或工业革命带来的认知一样重大，那就是学会孤独地生活在这个地球上。历史上第一次，人类在事后不再被允许更正其错误。在心理上，我们必须走上一条与17世纪欧洲相比截然相反的道路，并且从"世界是无穷的"这一理念转变为"世界是一个封闭的空间"。上述努力不是不可能，更简单地说它只是不太确定。这一极度的不确定性成为人类历史上的压迫性因素。有史以来第一次，人类将自己的命运押注在单一世界文明的到来上。

---

[1] 由美国人发明的目前最火的社交网络服务网站。

汇添富基金·世界资本经典译丛

第一辑

《攻守兼备——积极与保守的投资者》
定价：39.00元

《伦巴第街——货币市场记述》
定价：25.00元

《伟大的事业——沃伦·巴菲特的投资分析》
定价：28.00元

《忠告——来自94年的投资生涯》
定价：25.00元

《尖峰时刻——华尔街顶级基金经理人的投资经验》
定价：30.00元

《浮华时代——美国20世纪20年代简史》
定价：35.00元

《战胜标准普尔——与比尔·米勒一起投资》
定价：29.00元

《价值平均策略——获得高投资收益的安全简便方法》
定价：29.00元

第二辑

《黄金简史》
定价：43.00元

《投资存亡战》
定价：32.00元

《华尔街五十年》
定价：30.00元

《华尔街的扑克牌》
定价：37.00元

《标准普尔选股指南》
定价：31.00元

《铁血并购——从失败中总结出来的教训》
定价：42.00元

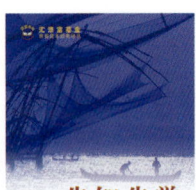

《先知先觉——如何避免再次落入公司欺诈陷阱》
定价：29.00元

《戈尔康达往事——1920～1938年华尔街的真实故事》
定价：33.00元

第三辑

《大熊市——危机市场生存与盈利法则》
定价：28.00元

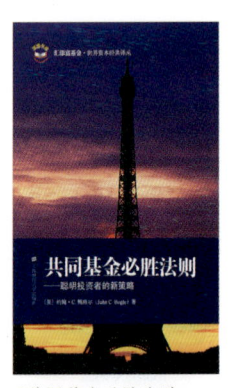

《共同基金必胜法则——聪明投资者的新策略》
定价：42.00元

《华尔街传奇》
定价：26.00元

《智慧——菲利普·凯睿的投机艺术》
定价：28.00元

《投资游戏——一位散户的投资之旅》
定价：30.00元

《孤注一掷——罗伯特·康波并购风云录》
定价：32.00元

第四辑

《证券分析——原理与技巧》（全二卷）
定价：92.00元

《股票估值实用指南》
定价：36.00元

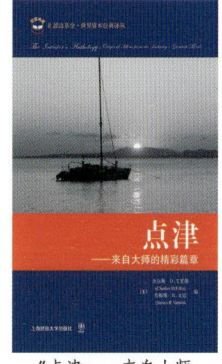

《点津——来自大师的精彩篇章》
定价：36.00元

《策略——决胜全球股市》
定价：31.00元

《福布斯英雄》
定价：24.00元

《泡沫·膨胀·破裂——美国股票市场》
定价：39.00元

第五辑

《美林证券：致命的代价——我与华尔街巨鳄的战争》
定价：29.00元

《货币与投资》
定价：30.00元

《新金融资本家——KKR与公司的价值创造》
定价：30.00元

《美国豪门巨富史》
定价：65.00元

《交易员、枪和钞票——衍生品花花世界中的已知与未知》
定价：42.00元

《货币简史》
定价：25.00元

第六辑

《银行家》
定价：36.00元

《伦敦证券市场史（1945~2008）》
定价：68.00元

《巴里·迪勒——美国娱乐业巨亨沉浮录》
定价：36.00元

《投资法则——全球150位顶级投资家亲述》
定价：52.00元

《睿智——亚当谬论及八位经济学巨人的思考》
定价：34.00元

《伯纳德·巴鲁克——一位天才的华尔街投资大师》
定价：42.00元

第七辑

板块与风格投资
定价：35.00元

财富帝国
定价：35.00元

股票市场超级明星
定价：48.00元

黄金岁月
定价：45.00元

失算的市场先生
定价：47.00元

英美中央银行史
定价：49.00元

第八辑

大牛市
定价：56.00元

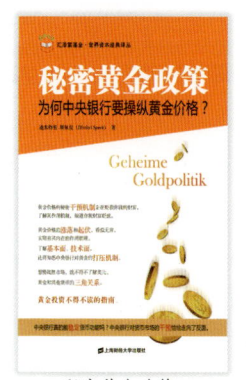

秘密黄金政策
定价：42.00元

通货膨胀来了
定价：37.00元

像杰西·利维摩尔一样交易
定价：37.00元

资本之王
定价：45.00元

第九辑

矿业投资指南
定价：43.00元

从平凡人到百万富翁
定价：45.00元

交易大趋势
定价：42.00元

像欧奈尔信徒一样交易
定价：48.00元

资源投资
定价：43.00元

第十辑

流亡华尔街
定价：37.00元

美国国债市场的诞生
定价：58.00元

欧元的悲剧
定价：39.00元

社会影响力投资
定价：42.00元

安东尼·波顿教你选股
定价：39.00元

第十一辑

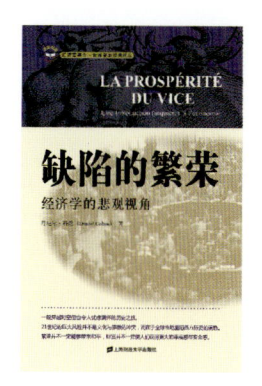

缺陷的繁荣
定价：39.00元

恐惧与贪婪
定价：40.00元

大交易
定价：38.00元

致命的风险
定价：52.00元

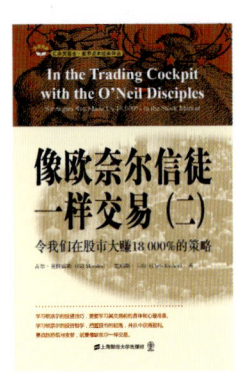

像欧奈尔信徒一样交易(二)
定价：55.00元

上海财经大学出版社有限公司
地址：上海市武东路321号乙　　　邮编：200434　　　网址：www.sufep.com
电话：021-65904895　021-65903798　021-65904705　　　传真：021-65361973
汇添富基金管理有限公司
地址：上海市富城路99号震旦国际大厦21层　　　邮编：200120
网址：www.99fund.com　　电话：021-28932888（总机）　　传真：021-28932949